"爱，"
丰盈教育人生

徐道峰 著

中国出版集团　现代出版社

图书在版编目（CIP）数据

"爱"，丰盈教育人生 / 徐道峰著. —北京：现代出版社，2023.5

ISBN 978-7-5231-0293-0

Ⅰ.①爱… Ⅱ.①徐… Ⅲ.①教育工作 Ⅳ.①G4

中国国家版本馆CIP数据核字（2023）第072268号

"爱"，丰盈教育人生

作　　者	徐道峰
责任编辑	李　昂
出版发行	现代出版社
地　　址	北京市安定门外安华里504号
邮政编码	100011
电　　话	010-64267325　64245264
网　　址	www.1980xd.com
印　　制	北京政采印刷服务有限公司
开　　本	710mm×1000mm　1/16
印　　张	13.5
字　　数	224千字
版　　次	2023年5月第1版　2023年5月第1次印刷
书　　号	ISBN 978-7-5231-0293-0
定　　价	58.00元

目 录

成 长 篇

芬 芳 篇

幸 福 篇

成 长 篇

　　幸福生活从改变自己开始，懂得改变自己是成长。每个人都很重要，都有他生存的价值。育人先育己，教师只要潜心学习，创造性地、扎实细心地做好自己的本职工作，就能最大限度地释放自己的能量。我要把自己活成一道光，点亮自己，引燃学生；把自己开成一朵花，永远走在教育的春天里。作为山东省优秀班主任工作室主持人，更应做教书育人的"领头雁"，与同人共赏教育风景。

第一章 立德，做阳光教师

学高为师，身正为范。德备言自立，业精教乃成。教师就是学校中最大的隐性德育，隐性德育的直接载体是师德。教师要像蓬勃激荡的阳光，用无微不至的关怀、积极向上的心态，带动学生健康快乐地成长。

一、"学习强国"提升境界

学习之于信仰和才干，犹如运动之于健康体魄。参加"学习强国"的学习，不仅能够有效了解党和国家的各项方针政策，而且能够提高自己的思想觉悟，紧跟新时代的步伐，齐心协力共筑中国梦。我每天起床，先背诵"每日金句"滋养心灵、丰盈思想；利用锻炼身体的时间，聆听感动中国的名人故事；利用晚上的时间，收听收看新闻，了解国内外大事，进行理论学习；同时参与各种在线测试，不断提高理论水平、政治素养、道德修养、思想觉悟。"学习强国"已融入我的生活，极大地拓展了我的学习、生活、工作的半径，让自己的世界越来越广阔；通过"学习强国"，我汲取了更多的正能量，实现了"学习强我"，提高了自身境界，为教育事业添彩。

二、"胶州六中"陶冶情操

在胶州市东南部云溪河南岸，矗立着一所腾飞的山东省规范化学校——胶州市第六中学（以下简称"胶州六中"或"六中"）。她是我成长的摇篮，她经历了20多年的风雨，已成长为一棵枝繁叶茂的参天大树。

六中之树是长青的。我们专注于以文化人，我们致力于素质教育，虽然走出六中的学子未必是人中龙凤，但一定是社会的可造可用之才。今天，当社会再次掀起学雷锋的热潮时，六中人是微笑的——2002年六中便建起了青岛市首家、全国第三十九家永久性学雷锋教育基地，2013年，六中又被评为青岛市初中唯一一所"青岛市雷锋学校"。怀念一个名字，呼唤一种精神，让雷锋精神浸润到新生入校的第一课、充实到校园生活的每一天、落实到师生行为的各个细节。在六中，雷锋精神蔚然成风，"雷锋校园"的特色教育品牌唱响胶州湾畔，这是榜样的力量、文化的传承。撒豆成兵曾经是姜太公的神话，点石成金却不再是遥不可及的梦想——当满园芳菲化为桃李满天下时，神州大地响遍《学习雷锋好榜样》的咏唱里是否能听到胶州六中学子发出的强音？

六中之树的根是活力四射的。"以人为本、科学管理、全面提高教育教学水平"的办学宗旨，"修身强智，育美健体，严谨务实，开拓进取"的校风，"以雷锋精神提升学校影响力"的办学特色，处处彰显着六中的蓬勃昂扬。克己奉公，革故鼎新，视野的高度造就了睿智的决策，家大业大的六中被梳理得井然有序、蒸蒸日上。当六中之树傲然翘首在胶州的蓝天下，当繁茂的枝干苗壮成长，你怎能不感叹于六中的根的稳固与奉献！

六中之树的干是挺拔的。春风化雨，蜡炬成灰，200多位教职员工甘为人梯，鞠躬尽瘁，化银河琼浆予桃李，默默地为六中释放着自己的光和热。辛勤的园丁，勤勉的伯乐，书写着爱的传奇，构建了成才的摇篮。

六中之树的枝是繁茂的。他们沐浴在六中的阳光雨露下，以锲而不舍的求知精神，吮吸着六中的根和干的乳汁，茁壮成长。如今，六中的莘莘学子遍布全国各地，并正在一步步地成为国家栋梁。金榜题名，蟾宫折桂，当看到我们的孩子成为有用之才时，为人师者、为人父母者，唯有此愿，夫复何求！

胶州六中不仅是教书育人的知识殿堂，更是陶冶情操的精神源泉。"寄语洛城风日道，明年春色倍还人。"我们期待并有理由相信：教育，明天会更美好！

我深知：精神的力量是巨大的，感召的影响是深远的。胶州六中文化建设突出德文化、雅行文化主题，用中华民族的传统美德来陶冶学生，用教师的高尚行动来感召学生。学校十多年前就建起了全国第三十九家、青岛市首家学雷锋教育基地，目的就是"建起一个基地，树起一面旗帜，倡导一种精神，引领师生成长"。我注重开展铭德雅行的实践活动，围绕学校德育十二主题开展活动，做到月月有主题，周周有实践。一月、二月是传统文化和节日主题教育月；三月是学雷锋活动月，也是中华美德主题教育月；四月是读书月；五月是健康教育月；六月是感恩月；七月、八月是社会实践月；九月是礼仪习惯养成月；十月是爱国·责任·梦想活动月；十一月、十二月是艺术展示月，等等。每个月突出一个德育主题，辅助其他主题，并结合当月的节日，进行优秀传统文化的传承与教育。大鹏一日同风起，铭德雅行谱新篇。

做一位阳光教师。教师面对的是可塑性很强的学生，教师应成为追求美丽人生的典范，教师自己就是一本教科书。所以，一位合格的教师必须有积极向上的心态，才能带动自己的学生健康快乐地成长。为此，六中很注重对教师完美人格的塑造，采用多种形式对教师进行有形和无形的培训：学校门口醒目的校训校风，教室走廊墙上的名人名言，雷锋展室的雷锋感人事迹，以及外校和我校优秀教师的动人故事，都在不断地提升我们的境界。作为六中的一分子，我也不甘示弱，我时时做道德修养的有心人，积极参加各种学习。我参加了在杭州举办的全国班主任培训学习，境界速升；还参加了青岛市首届班主任高级研习班学习，受益匪浅。同时，我订阅了健康生活手机报，里面的"心潭"栏目教会我怎样做一名内心的强者。这里，最给力的是六中的领导和教师，他们的团结、豁达、智慧，时时感染着我，催我奋进。逐渐地，我更加平和、大度、自信、积极。逐渐地，我能化尴尬为融洽，化压力为动力，化阴霾为阳光。逐渐地，我面对孩子，有了阳光般灿烂的笑脸；面对同事，有了阳光般温暖的态度；面对家长，有了阳光般真诚的交流；面对教育，有了阳光般创新的心态；面对教研，有了阳光般积极的热情。只有给自己阳光，才会给学生播撒阳光，给大家带来阳光。

第二章　读书，做智慧教师

古希腊著名哲学家苏格拉底说过："真正带给我们快乐的是智慧。"读书是汲取养分、获得智慧的最好途径。世纪老人冰心说："读书好，好读书，读好书。"这是一句至理名言。在读书上花的每一分钟，都能赋予你勇敢前行的力量，都会在未来的某个时刻回报你。以书为镜，能让身为教师的我们经常审视自己的教学方式方法，不断提高自己的教学理念和教学水准。于漪老师建议：做教师应"胸中有书，目中有人"，要努力攀登，追求理想境界，也就是说要不断地自我超越。人最大的敌人是自己。作为教师，一定要追求高尚的思想境界，不断地努力攀登。"读万卷书，行万里路"，此话大家耳熟能详，强调读书与实践的积累。它的下一句"胸中脱去尘浊，自然丘壑内营"，是讲心无旁骛地积累到一定程度，从而引起内在的质变，才算是练成"真本领"。坚持读书，一个人才不会颓废，才能积极进步、探索未来。有时候，一个人，一本书，就是一个世界。读书，决定着人生的高度。读书，是拓宽视野的捷径，也是成本最低的自我投资方式。越是焦躁的时候，越要提醒自己静下心来看看书。你所读过的每一本书，都会丰富灵魂、影响思想。"问渠那得清如许？为有源头活水来。"时代在发展，社会在进步，学习型社会在建设，作为教师不能不读书。岁月给人长度，思考给人深度，阅读则给人宽度。爱书，读书，坚持为自己的心灵做美容，由内而外的精神保养；爱书，读书，让自己走得更好、更远。

一、做书香型教师

很多优秀的教育家写下了很多智慧的书，值得我们好好读，从中汲取智慧的营养。读书对我们的成长非常重要，阅读让我们站在巨人的肩上快速成长。"书中自有黄金屋"，学习别人的优点，你将成为一个"精品"；用文化"摆渡"学生，学生的生命自然就有了别样的色彩。

我的爱好是读书，读书可以怡情、养德、增智。有人说："读书是一种诗意的生存状态，读书是一种幸福的生活方式，读书是一种温暖的生命体验。"走进胶州六中博雅楼，几行醒目的文字镌刻在雪白的墙壁上，浸润着每一个胶州六中人。我从教33年来，幽幽书香一直伴我成长，是幽幽书香让这桃李春色更加争奇斗艳、花香袭人。我早晨起床就开始读书，为了不打扰家人睡觉，我就悄悄地读，至少读半小时，在读书中增长智慧。以书为师，能让身为教师的我活到老、学到老，能使自己的生命更加充盈，成为一名更具人格魅力、更富有诗意的教师。六中校园网上的美文，我都要一一品读并摘录一些经典语句。我在班里设置了读书墙和读书角，我和学生一起每日一读并写一句心得，现在我们每人已经积累三大本了。我家里有各种读物：名著、杂志、报纸等。如果读到一些好的文章，我就推荐给女儿和学生共享。

近几年，我先后品读了魏书生的《班主任工作漫谈》、陶行知的《生活即教育》、李镇西的《走进心灵——李镇西班级建设教育手记》《教育的智慧》《做最好的班主任》《教育的100种可能》、尼尔森的《正面管教》等。教育家陶行知指出，生活决定教育，教育改造生活，教育是为生活向前向上的需要服务的。李镇西的《教育的智慧》一书告诉我们："我们教育对象的心灵是一片已经生长着美好思想和道德萌芽的肥沃的田，因此，老师的责任首先是发现并扶正学生心灵土壤中的每一棵幼苗，让它不断壮大，最后排挤掉自己缺点的杂草。"苏联教育家苏霍姆林斯基也说过：力争让每一个从他手里培养出来的人都能没有遗憾地度过自己的一生。

读《跟着李镇西老师做班主任》这本书，我深深体会到了李镇西老师教育工作中爱的教育魅力。教育专家罗京宁对体验式德育进行了创新，在他开设的几个体验式班会中，"一分钟鼓掌"引起了我的极大兴趣。于是，我迫不及待地拜读了《班级体验式心理拓展活动100例》这本书，受益匪浅。我深刻地认识到学生的心理健康比科学文化知识更重要，身心健康比学习成绩更重要。学生在活动中体验，在体验中感悟，在感悟中成长，会比单纯说教更有效。读这些著作，我感觉到了作者的宏大愿景。大浪淘沙，那些真正能够不断被人们捧起的书籍，总有其强大的生命力，总能冲破时间与空间的束缚，到达我们的手中，抵达我们的心中。书中育人的金点子很多，我们可以结合实际创造性地运用。只要我们有一股学习劲儿，那么我们就已经找到了教育的智慧翅膀。所有认真读过的书都会融进灵魂，沉淀成智慧，静静地待在心灵深处，只要被触动，就会喷薄而出。

总之，一有时间我就广泛阅读，以提高自己的人格魅力和学识魅力，使自己越读越专业，做到在六中不掉队。积柴如山，何愁烈焰不涨天；胸藏万卷，岂惧灵光不四溅。

二、做反思型教师

一个教师的学问不仅仅在于他的学历，更在于他的学力。郑立平教授指出，班主任应具备10个好习惯：勤于反思，敢于放权，精于规划，乐于研究，善于施爱，勇于协商，巧于借鉴，醉于读书，敏于行动，甘于坚守。我做得比较好的是第一个好习惯——勤于反思。

勤于反思就是学会反思，对每天、每周、每月、每学期、每年的常规性工作做到心中有数，把握其基本程序和规律，始终走在工作的前面。注意做到以下事项：一是抽身而出；二是转换角度；三是放下情感；四是指导实践。教育反思首先是自我反思，反思形式主要包括教育日记或网络博客、自传、教学档案分析；其次是对象性反思，主要方法包括问题探究、个案分析、专案总结和课题研究。对于班主任来说，"反思班级管理"就是班主任自觉地把自己的班级管理实践作为认识对象，进行全面而深入的冷静思考和总结，这是一种用来提高自身管理水平、改进班级管理的学习方式，不断对自己的教育实践深入反思，从而积极探索与解决教育实践中的一系列问题。

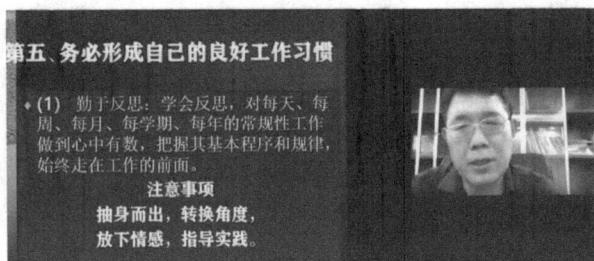

徐道峰线上聆听郑立平校长讲座

1. 教育反思的内容

教育反思的内容包括：班级管理的成功实践；班级管理中的缺点和不足；班级管理中的策略与智慧；师生在班级管理中的创新做法；班级管理具体实践。

2. 教育反思的方法

教育反思的方法包括：怀疑处反思；转换立场处反思；转换时空处反思；假设性问题处反思；联系对比处反思；事物本质处反思。

聆听郑老师的讲座使我对教育反思理解得更通透，对"转换立场处反思"的方式运用得更到位。对于班级工作，我是每周、每月一反思。古语云：虚己，进德之基。每次班级反思，我是第一位反思者：首先肯定自己的优点，然后明确指出自己的不足。下一步我研讨的方向是：我在率先做到自律的同时，怎么引导学生做到自律。正确地审视自己，认清优缺点，明确自己改进的方向。这既是一种清醒，更是一种智慧。班主任是班级的教育者、领导者、管理者，通过反思，审思过去，在实践过程中，把观察到的、感受到的、换位思考解释的、反思的内容，用教育手段或案例研究的形式展示出来，可以更好地指导实践。知不足，就是知道自己的不足和缺点，明白自己的问题和错误之所在。不逃避，不推诿，勇敢地去面对，用心地去改变。我们称为"知不足而奋进"。形成自己良好的工作习惯，立足于培养学生，尽量抓大放小，强化评价引导。

当班干部工作出现失误时，我会反思自己哪儿做得不到位、引导得不明确。当学生出现问题时，如上课不专心听讲或者作业不认真完成，我首先会想：是不是我对这个学生的关爱不够？这个学生是否身体不舒服或者心里有什么烦心事？批评学生，我会难受。苏霍姆林斯基说："每一位教师都要写教育日记、随笔和记录。这些记录是思考和创造的源泉，是无价之宝，是搞教育科研的丰富材料及实践基础。"叶澜教授说："一个教师写一辈子教案不一定成为名师，如果一个教师写三年反思有可能成为名师。"

第三章 研学，做卓越主持人

　　努力是最美的修行，学习是最美的旅行。漫步云端助成长，共话教育待花开。我今年的生日就是在研修中度过的，暑假四次线上研修，我收获颇多：专家们理念前瞻、眼界高远、见解深邃。教育的精华、教育的美好，久学提气，我的内心再一次被深深地撞击、洗礼、升华。我收获了成长，坚定了信念，铆足了干劲儿。尤其是山东省优秀班主任工作室六天的研修令我陶醉，我感触颇深的是：张洪高教授深刻诠释的德育的享用功能就是让人得到愉快、幸福、满足，德育教育的最终目的是让人拥有美好的生活；李忠伟教授指出，核心个人能力是指基于"共性"要素的同时所积聚的"个性化"能力，是个体被认可的、能够解决问题的能力，其往往具有独特性；郝宁教授给教师的22条建议使我的教育心理学知识得到很大提升；张德秀老师的讲座为如何打开学生的心门提供了有效方略；宫准教授精准地讲述了科研课题申请的思路和步骤；李芳教授的讲座让我更全面地掌握了"有效调动学生积极性"的方法；王大伟教授的讲座让我了解了"团队管理的心理学策略"；赵立军教授教会了我"学生管理篇之动机管理"的技巧；佘瑞琴教授让我把握了"双向沟通"的要领；孙丽娜老师让我了解了心理辅导的技术之"面质"的运用；赵卫国教授和陈芳芳老师的讲座，使我更全面地掌握了家校协同育人的路径。每一次参与学习，心中之花就会愈加艳丽，心中之香就会愈加持久。久思升华，久做生根，久学提气。

日　期	上　午	下　午
7月20日	张洪高《中小学班主任教育学专业知识提升》	李忠伟《中小学班主任角色的功能与定位：相关政策解读》
7月21日	郝宁《中小学班主任教育心理学专业知识提升》	张德秀《学生心理问题识别及干预》
7月22日	宫准《中小学班主任团队培训需求分析与培训设计能力的塑造》	李芳《中小学班主任团队培训实施与效果评估能力培育》
7月23日	王大伟《中小学班主任团队管理能力的培养》	赵立军《中小学班主任教育科学研究素养的提升》
7月24日	余瑞琴《中小学班主任团队沟通能力提升策略》	孙丽娜《团体心理辅导在中小学生班主任管理中的应用》
7月25日	赵卫国《家校协同育人的路径与模式》	陈芳芳《优秀班主任的胜任素质及工作经验分享》

山东省优秀班主任工作室主持人研修目录

一、点亮自己

教育家魏书生说过："每个人都有自己的生存价值。"是的，每个人都很重要，都值得被尊重和欣赏。育人先育己，育人靠育己。班级管理的关键问题就是班主任要实现自我管理、自我完善和自我发展，管理好自己才能影响学生。观光，羡光，借光，都不如把自己点亮，把自己活成一道光，点亮自己，才能引燃学生；把自己开成一朵花，就会永远走在教育的春天里。

研修成为一曲悠扬的歌

研修，宛如一曲悠扬的歌，回荡在我们心间！

——题记

我们常常感叹时光匆匆而过，美好的往事尘封于记忆的长河。随着岁月蹉跎而去，生活工作按部就班，少了激情与期待，然而就在这个夏日，一股热流却在我心中涌动，耳畔响起了一曲悠扬的歌——远程研修。

我刚走上三尺讲台时，赶上了素质教育的高潮——新课程改革。这是一种幸运，也是一种挑战，更是一种前所未有的机遇。我曾为抓住机遇而暗自高兴，但随之而来的困惑与压力却让我有些不知所措，九载拼搏，我稍有收获，但也看到了自己与名师的差距。求学问道，研读经卷，固然让我大有收获，但我更渴望与同行交流，激起思维火花的碰撞，本次研修，圆了我心中的夙愿。

作为一种新颖的培训方式，远程研修突破了时间、空间的限制，让我们在一种全新的状态下进行学习，不断提高。研修中，我更深刻地理解了教师工作的特点。教师的工作是传播科学知识、塑造学生人格，教师要以自己的人格魅力和渊博学识感染学生、带动学生。我们工作的对象是正在发展中的青少年，这决定了我们必须敬业奉献，以高度的责任心，精心上好每一堂课，精心呵护每一名学生，帮助他们成长。苏霍姆林斯基曾说："我们的工作对象是正在形成中的个性细腻的精神领域，即智慧、情感、意志、信念、自我意识，这些领域也能用同样的东西去施加影响。"苏霍姆林斯基30年身不离校，奉献于教育事业，在敬业奉献中实现人生价值，为我们树立了榜样。

然而，要想达到最佳教育效果，仅仅有奉献精神是不够的，我们还要掌握先进的教育理论、科学的教学方法和扎实的业务知识。培训专家精心选择培训内容，与时俱进，将科学的教育理论和先进的网络技术相结合。他们在理论与实践的结合上下功夫，在学习和研究上克服功利主义，以哲学的眼光，全面地辩证地看待教学，注意整体性，强调差异性，突出实践性，重视开发性，走在了基础教育课程改革的前列。

和以往的培训不同，本次培训专家退居幕后，精心选择内容，设计学习环节，研修课程以网络为支持手段，以解决新课程推进中教师的疑难困惑为线索，结合教师日常教学，提升教师理解和实施新课程的能力与水平，全面提升教育质量。这种新颖的模式充分调动了参加研修教师的积极性，挖掘了我们的潜力，将理论与教学实践相结合，每个专题都主题突出，内容丰富，真正地对教学实践起到了指导作用，激发了大家的灵感，提升了大家的理念。专题探讨，专家点评，在线交流……我们在网络上学习，在网络上研讨，一根网线缩短了心灵上的距离，搭建起沟通理念的桥梁，这种具体环境的体验远比理论灌输更具有实际效果。大家打破地域的界限，畅所欲言，各抒己见，网络上的虚拟空间似乎成了展示才华的舞台。思想家帕斯卡曾经说过：人是一根思想着的苇草。生命是重要的，那么智慧就该同生命同等重要。远程研修给我的思想插上了翅膀，在这丰厚而充实的学习生活中，汲取精华，体会着"山重水复疑无路，柳暗花明又一村"的惊喜与快乐！

"好雨知时节，当春乃发生。"远程研修正如及时的甘霖滋润着我的心田，使之萌芽，开出智慧之花，结出灿烂的果实。通过研修，我找到了与名师的差距，明确了努力的方向，更感受到了肩上担负的使命。我们要实现一个民族的梦想，就需要用先进的教育理念培养我们的学生，让他们成为挺直脊梁的追梦者。在今后的工作中，我将以这次研修为契机，刻苦钻研，不断学习、充实、完善自己，做有境界的教师，做令人民满意的教师。

我们跟着南京的罗京宁老师的《体验式德育的创新与实践》，亲身体验了一场体验式班会，受益匪浅。来自北京的郑立平老师的《我们需要这样一个家》、迟希新老师的《班主任的核心素养与自主发展》、《新班主任》编辑部主任肖凡老师的《班主任的教育写作与专业成长》等报告，都给予我们启迪。

通过这次研修，我们牢牢把握了新时代班主任的思维方式，增长了智慧。班主任需要最大限度地激发学生对真善美的渴望。1%的亮点加100%的赞美可以形成和美的师生关系。"双减"不是不关注学生的成绩，而是我们可以把学生的成绩分为希望分、预估分、实际分、能力分、期待分，帮助学生做最好的自己。锁定职业幸福，心中有一弯新月，脚下才有力量。读写研思行不息，弦歌不辍，总会迎来诗和远方。

培训依然精彩，让我们继续唱响这曲悠扬的歌！

变轨提速

2014年6月23日，在李主任的全程引领下，我们胶州六中语文、数学、英语教师共11人踏上了常州"变轨提速"之路。我们每个人都怀着对学校的感激之情及自己对求变的期待，每天都认真聆听每一位专家的高论，让肥沃的土地长出茂盛的庄稼。

一、活到老，学到老，让土地肥沃

当前，全社会都在提倡终身学习，所以我们要自觉地学习，锲而不舍地坚持学习，只有学习才能跟上时代发展，才能教给学生新鲜的知识，同时在对自己的否定和批判中发展自我、更新自己。作为语文教师，读书就是一种很好的学习方式，读书就是在与大师对话，跟高手交流，"学习着是快乐的"，我们要有这种不断刷新自我的意识和勇气。要在顽强、自觉学习的基础上做到多反思。平日总感觉自己工作太忙太累，每天忙得脚不沾地，却不知自己已经不知不觉地走入一种简单的循环往复之中，这种现象在心理学中称为"磨道效应"：路走了很多，实际却没走出多远，自身的素质也没得到长足的提高。反思是汲取经验教训的最有效手段，在繁忙的工作中不断反思，就会不断完善自我、超越自我。通过刻苦学习与积极反思，最终实现充满个性的创新。教师要有自己独特的风格，不能没有鲜明的个性，随波逐流、循规蹈矩是自己成长的最大敌人，人云亦云的尽量"不云"，老生常谈的尽量"不谈"，要学会独立思考，而不是跟着"风"跑，对自己的教学，不要考虑完

15

美，要考虑最有特色，要辩证地思考："用熟悉的眼光看待陌生的事物，用陌生的眼光看待熟悉的事物。"

二、优雅地爱自己和学生，让庄稼茂盛

社会在迅猛发展，火车在不断变道提速，我们的教育更应接地气。只有改变才能重生。我们必须抛弃旧的思想，才能飞得更高，创造崭新的未来。这里，我们需要自我改变的勇气和再生的决心。我们一定能用行动实现理想，让教育焕发生机！好味料理从"营养早餐"开始。如果我们在清晨引领学生拥有一份快乐的心情，带给他们一个清新的开始，那么我们一定能丰润学生的生命，让他们迸发生命的光彩！

1. 设计班级顶层文化——形成共同愿景，提升孩子班级生活的精神渴望。愿景是我们想要的未来的美好景象（我们要到哪里去？）。

核心价值观是我们追求愿景过程中的核心，它指导着我们的行为——班级精神。在这样的价值取向下，我们应该如何做，如何践行我们的文化，也就是在追求愿景的过程中我们的日常工作与行为方式是什么？答案是班训。使命（目标）是我们的责任和任务，是能体现共同愿景、具体可行的。愿景与价值观是班级文化的根基。

2. 重建班级组织架构——让学生成为班级主人，提升学生班级生活的民主力量。

当班级文化步入正轨之后，班级开始了小组文化的建设，每一小组都有属于自己的组名和小组精神，同时制定了小组公约。学生以小组为单位自主管理、自主发展，在小组中学会合作、学会谦让、学会自律，从而学会成长！

3. 开发班级微型课程——让学生感受集体温情，增强学生班级生活的学习力量。

以班级建设优秀项目评选为契机，研发和实施班级微型课程，促进学生个性多元发展，同时促进班级主动发展，促使班主任由"业余班主

任"走向"专业化班主任"。

以班级微型课程为平台，把班级还给学生，让课堂成为学生展示自己的舞台。灵感的火花来自信息化，智慧的源泉来自信息化，情感的体验来自信息化。只有真正地进行信息化的德育探究，才能促进现代学生领悟生活的奥秘，体验人生意义，在生活中学会生活

想要车速增加一倍，你就必须更换铁轨。只有这样，我们才能优雅地爱自己和学生，才能朝向完美、走向幸福！

班主任需要扮演多种角色：教育者、领导者、管理者。管理能力不是指岗位本身带有的职位强权，而主要是指那些非权力的领导力，因而，它更多的是尊重、引导、激活、点亮。打个比方，它不是让学生感觉"老师很厉害，我等着老师来安排"的那个力量，而是让学生感觉"自己很厉害，我要主动去做"的那个力量。简言之：好的管理，就是让学生感觉自己很重要，自己只要努力，就可以变得更加优秀和美好！管理的最高目标应当是激发人性中最卓越的部分，而不是将工作中心放在一味抑制学生的表现，或动辄就以不好的名义贬斥学生的个性。当人性中最优秀的部分被激发出来之后，一个人的自我认识就会得到充分的扩展，伴随其中的问题也会逐渐被引导到良好的方向。

作为工作室主持人，我首先努力学习和工作，积极撰写育人故事、带班育人方略、班会设计等。我已经在《山东教育》发布了育人故事《他终于跨过了那道坎》、育人方略《每一个学生在自悟中茁壮成长》、班会设计《少年当自强》等。

二、引燃团队

一个人的力量是有限的，一个团队的力量是无限的。班主任工作室的建设，不仅需要主持人具备普通班主任的知识和技能，而且需要具有团队建设和引领的能力。

彼此润泽，和美共生。在立德树人的教育之路上，行稳致远，用自己的光芒去照亮队友；用自己的思想、行为、作风和品格去感染和影响学生。无论是带领工作室团队还是管理班级，我们都需要具备教育能力、领导能力、管理能力。作为一个教育者，要懂教育、懂教学，只有懂才有真正的爱，才有真正的敬畏；作为一个领导者，要以身示范，走在前面，有明确前瞻性的思考；管理者要走进内心，摒弃过时的管控思维，树立以文化人的管理理念。

（一）青岛市名班主任工作室主持人

青岛市徐道峰名班主任工作室启动方案

一个人走得快，一群人走得远；一个人的力量是有限的，一个团队的力量是无限的。名班主任工作室是阵地，是舞台，是机遇，更是奉献。我作为青岛市名班主任工作室的主持人，内心充满着无比的幸福和感激，也感到压力很大，明白付出会很多。感谢各级领导和同人对我的信任、肯定和支持，更感谢各位领导在百忙之中莅临指导，这是对我们工作莫大的鼓励和鞭策！

一、培养目标

徐道峰名班主任工作室以胶州六中"雷锋展室"为依托，以"铭德雅行"为工作抓手，培育"铭德雅行，气正致远"的精神，有计划地开展工作，打造"铭德雅行，行胜于言"的工作室品牌，努力做到"在成事中成人"，来实现更高的人生价值。工作室要成为班主任专业成长的发动机，基于工作室团队价值追求，从一次一次的活动中积蓄力量，从而逐步获得自我发展的永动力。这需要我们主持人精心设计好每次活动，形成不同模块的活动流程和活动方式，做到以下两点，一是最大限度地提升成员的参与度，因为只有身在其中、爱在其中，才会有更大的收获；二是活动要有关联性和主题性，使研究活动产生持续的效益。

胶州六中"雷锋展室"

二、培养计划

第一阶段：2017年上半年

1.做智慧型班主任，提交"个人专业成长计划"。

2.班会课："铭德雅行伴我成长"。

3.明确班主任的事业追求与专业成长规划，组织校内班主任能力大赛，并参与组织市级班主任班课大赛。

4.研究课题的选择与课题实施，提交读书笔记、教育叙事各1篇。

第二阶段：2017年下半年

1.课题研究：家校共育，点亮心灯。

2.反思型、智慧型班主任的自主成才之路系列：

（1）班级管理的智慧：充分发挥微信、飞信家长群的效应。

（2）主题班会、班集体活动设计的智慧。

3.班会课观摩研讨：班会的丰富多彩。

第三阶段：2018年全年

1.做反思型班主任，提交课题研究中期总结。

2.反思型、智慧型班主任的自主成才之路系列：

（1）教育、批评学生的智慧。

（2）班干部培养的智慧。

（3）关注学生的负面情绪。

3.专题讲座：教育研究成果的形成与研究文章的撰写。

4.班会课观摩研讨，出工作室简报。

第四阶段：2019年上半年

1.讲出你的故事——教育叙事。

2.培养对象成长汇报。

3.成员终期考核。

4.课题结题，提交相关的研究成果（讲座、文章、荣誉等）并相互交流。

三、培养方案

本工作室将以德育课题研究为主线，以优秀班主任为主体，以名班主任为主导，以学习、交流、研究为主要形式，提高班主任的道德、知识、能力、心理等综合素养，促进优秀班主任带头人的快速成长。

（1）"以点带面"的团队发展机制，实现个体与群体智慧的转换。

（2）"项目引领"的工作推进机制，促进研究的专题化、深入化、品牌化。

（3）"知识管理"的成果积累机制，形成专题研究的持续发展力。

（4）"分享交流"的开放式研讨机制，实现工作室发展力量的集聚与辐射。

建设"五个一"平台，全面提升理念、拓宽视野、形成内力。工作室以一席讲堂、一本手册、一本专著、一个账号、一个网站为载体开展丰富多彩的培训活动。

创办一个"大家讲坛"。聘请专家前来讲学，让学员走进名班主任的心灵，与大家进行精神对话，沟通思想，开启思路，拓宽视野，跨越理论和实践的断层，实现原理的迁移和理念的行为化。同时，"大家讲坛"是工作室内部学员进行思想交流、观点碰撞、理性思辨的场所，也是工作室之间互相分享的一个平台。"大家讲坛"从学习到研究，熏染专家气质。

共读一本专著：培养学员的阅读习惯和阅读能力，采取阅读、思考、分享的方式进行，同时通过推荐书目读、制定书目读、集中时间读、书面交流和读书汇报会等多种形式进行。

1.四种培养途径

（1）导师培养

工作室主持人应结合工作室学员的自我发展计划，为学员制定、诊断、评价专业发展规划，促使每名学员尽快提高班级管理和教育科研的能力，推动学员的专业成长。

（2）专家引领

通过专家报告等形式，实施名家对话和高端引领，开展理论学习，以开阔学术视野，实现工作经验到教育思想的理性升华，要求学员做好读书笔记，并定期在工作室网络平台发表读后感言，交流心得体会，实现学员的共同成长。

（3）自主研修

工作室订阅有关教育教学方面的书刊，注重学员教育理论水平的提高，及时更新教育理念；向学员推荐相关书籍，要求成员自学读书，厚积薄发，通过撰写成长报告、工作反思、工作案例等方式，梳理工作经验，以聚焦工作特色；或运用信息技术对一些优秀班主任的公开课、研究课进行存储和借鉴学习，进行交流和研讨，提高学员的管理水平。

（4）榜样示范

认真学习优秀班主任爱岗敬业的先进事迹，多反思，多思考，多实践，努力将学员塑造成为业务精湛、家长信任、学生爱戴的优秀班主任。

2. 六种研修方式

（1）培训学习

每个月对培养对象集中培训1次，采取专家授课、班主任论坛形式，研究分析班主任工作实践的重点、热点、难点问题，探讨加强和改进班主任工作的对策和措施，并在实践中予以验证，交流班主任工作的创新经验。不追求传统意义上大而全的庞杂内容和体系化的形式，而是抽取在德育理论与实践中人们较为关注的几个问题，构成专题学习的基本内容，力图体现德育理论与德育实践相结合的特点。

（2）班会研讨

以教育案例型主题班会为突破口，以优秀案例为契机，以观摩、交流、研讨为主要方式，将教育与自我教育结合起来，提高班主任教育工作水平，把握好班会课的教育功能，熟练驾驭班会课形式，内化成自己的教育理念。

（3）教育叙事

通过对有意义的教育实践经验的描述、分析，发掘或揭示内隐于日常事件、生活和行为背后的意义、思想或理念，改进教育教学实践方法，丰富教育科学理论，促使教育策略与实践更加完善和灵活。

（4）课题研究

围绕工作室确定的课题研究参与或自我申报立项，逐渐形成独立开展课题研究的科研能力。

（5）交流展示

通过讲述自己的成长轨迹和工作经验，或者点评他人经验并提出发展建议，开展汇报交流活动，可以展示学员的特色和思想，提升学员的水平，也可以提升同伴的认识水平、鉴别能力和指导能力，以实现共生共荣。

（6）考察交流

工作室将在培养周期内组织培养对象到省外考察1～2次，观摩学习和借鉴其他优秀班主任的先进工作经验。

四、工作室日常管理制度

1. 互相学习，共同进步，展示自己的风采。

2. 每次活动都要有自己的体会心得，每次培训要有一个总结。

3. 没有特殊情况不要请假，按时参加工作室的活动。

五、课题研究

课题：让每个学生在自悟中快乐成长。

1. 研究目标：探索适合学生自发、自主、自动管理的新模式，从而实现学生自我教育。

2. 研究假设：通过构建学生自主管理机制，调动学生参与自主管理的积极性，从而实现学生自我教育的目的。

3. 创新之处：通过课题研究加快实现学生"自发教育→自主教育→自动教育"的自我教育过程，提高学校育人质量。

六、示范辐射

通过工作室学员三年时间的共同努力，通过以点带面的方式，建设"德育高地"，搭建起班主任交流、学习、研讨、提升的平台，不断创造适合他们专业成长的关键事件，让他们经历丰富的研究过程，体验到研究的价值，不断朝着自己的目标迈进，使自己变得更自信、更强大。

提升本工作室在市外的影响力及辐射功能。定期组织跨工作室、跨区域的推介交流活动，通过网络媒介，交流分享学习体会、实践随想。多渠道、多形式地宣传推广工作室的有效经验和成果，营造开放共享的良好氛围，努力形成示范辐射效应。

七、青岛市徐道峰名班主任工作室成员简介及职责

1.成员简介

专家赵锋：北京师范大学青岛附属学校教师，全国优秀班主任、山东省教育创新人物、班主任杂志封面人物、山东省十佳班主任、全国班主任成长研究会核心成员、山东省骨干班主任培训特聘专家、山东省班主任发展联盟副理事长、枣庄市名班主任工作室导师、青岛市城阳区"名班主任工作室"首席专家、安徽省灵璧市心语实验学校发展顾问专家等。

导师董君：山东省教师教育科研先进个人、山东省初中骨干班主任培训优秀学员、山东省远程研修优秀管理员、青岛市骨干班主任远程研修优秀指导教师、胶州市优秀教师、胶州市优秀教育管理者、胶州市十佳师德标兵等。

主持人徐道峰：胶州市第六中学语文教师；从教28年，有25年班主任工作经验；曾获"山东省优秀班主任""青岛市学科带头人""青岛市青年教师优秀专业人才""青岛市教学能手""胶州名师""胶州市首席班主任""胶州市优秀教师""胶州市教学能手""胶州市优秀班主任""胶州市德育先进个人"等荣誉称号；成功地展示了青岛市和胶州市公开课、优质课等；发表的文章有《爱，老师最美丽的语言》等；开展了德育课"让学生在自悟中快乐成长"、主题班会"文明上网"、讲座"生命在爱学生中丰盈"等。

"以满腔的热情，用博大深沉的爱，让每一个学生在自悟中快乐成长"是胶州六中徐道峰老师的教育信条。从教28年来，她任劳任怨，用心耐心，全身心投入工作，把阳光之爱、妈妈之爱、导师之爱播撒给每一名学生，用爱心换真心，点亮学生的心灵明灯，开启学生的智慧之门。

徐道玉：自1992年参加工作以来一直担任班主任工作，所带班级多次获得"胶州市先进班集体""青岛市先进班集体"等荣誉称号。她的

班级管理理念是"做最好的自己，做别人的榜样"。徐道玉老师先后获"青岛市青年教师优秀专业人才""胶州市首席班主任""胶州市优秀教师""胶州市教学能手""胶州市中小学德育先进工作者""胶州市优秀班主任""胶州市教科研先进个人""胶州市优秀辅导员"等荣誉称号。

王梁：胶州市第二初级实验中学教师，国家三级心理咨询师；曾获"青岛市青年教师优秀专业人才""胶州市教学能手""胶州市优秀班主任"等荣誉称号。王梁老师注重对学生自主学习能力的培养，致力于心理学在学生管理中应用的研究，善于对学生学习心理进行适当的干预和指导。

朱琳琳：国家级心理咨询师，青岛市青年教师优秀专业人才，胶州市教学能手，曾获青岛市优质课一等奖。

李爱君：1997年毕业于青岛海洋大学，一直从事英语教学工作，2015年开始担任年级主任，所带班级成绩在同级部一直遥遥领先。工作中，李爱君老师秉承"要么不干，干就必须干好"的理念，"把别人家的孩子当成自己家的孩子"的态度，勤勤恳恳，任劳任怨。从教以来，其多篇论文在国家和省级刊物上发表，其所带班级曾获得"青岛市优秀班集体"荣誉称号。

于金堂：青岛市黄岛区王台初级中学语文二级教师，自2000年参加工作以来一直担任班主任工作，所带班级每学期都被评为学校先进班集体，其中两次被评为"区优秀班集体"，一次被评为"青岛市优秀班集体"。他所带班级每学年都有1~2人被评为区级或市级三好学生。2008年，他撰写的论文《让心理健康走进班级管理》被省教科所评为一等奖。近两年，他依托学校组织的"创客"活动，指导学生积极参与，多名学生分获省、市一等奖。在多年的班主任工作实践中，他一直将学生放在心中，急学生之所急，想学生之所想。

牟斌：崂山区育才学校初中部特色发展中心负责人，青岛市体育节先进个人，青岛市"帆船进校园"优秀教师；曾成功开展区公开课；曾获山东省论文二等奖。他坚信每个学生都是可塑之材，他热爱、尊重、关注每个学生，不放弃、不抛弃、不嫌弃任何学生。

孙雪山：1999年开始从事教育工作，在莱西市日庄镇中心中学任教，担任初中数学教师及班主任；2009年9月获"莱西市优秀教师"称号；2013年2月获"莱西市优秀班主任"称号。从教17年来，严以律己，潜心钻研，勇于创新，坚持"用心管理，对每一名学生负责"的教育理念。

李伟：2010年就职胶州八中，一直担任班主任工作，在连续多年的九年级班主任工作中成绩优异。在工作中始终坚信"方法永远比问题多"，坚持以责任与关爱为宗旨和不抛弃不放弃的工作理念。曾获得"胶州市教学能手"称号，任教班级曾被评为"胶州市优秀班集体""青岛市优秀班集体"。

2. 成员职责

主持人徐道峰：

（1）全面主持青岛市徐道峰名班主任工作室工作；拟订工作室的工作方案，制订工作室培养计划。

（2）制定本工作室日常管理制度。

（3）实施对学员业绩考核、评估和评价工作，建立工作室和学员档案。

（4）组织开展教育教学研究及实践活动，组织学员外出学习、交流。

（5）负责组织开展工作室会议和各项活动。

（6）负责策划每学年工作室成果展示活动。

徐道玉、王梁：

（1）协助主持人建设工作室和教育管理资源库，主动提供管理素材。

（2）建立工作室和学员档案。

（3）协助策划每学年工作室成果展示活动。

（4）负责"理论前沿"栏目，搜集问题，确定、发布每月话题，并加以整理、总结，进行新闻报道。

朱琳琳、李爱君：

（1）负责工作室成员的教学文章的审稿、指导修改和推荐发表工作。

（2）及时总结教育教学经验，并形成书面材料。

（3）负责"教育随笔"栏目，包括选择精读书目、组织交流。

（4）负责所有活动的考勤。

牟斌、于金堂：

（1）协助主持人建设工作室和教育管理资源库。

（2）及时总结教育教学经验，并形成书面材料。

（3）负责"学习简报"板块，对工作室活动及时记录并展评。

（4）负责工作室成员的外出常务。

孙雪山、李伟：

（1）及时总结教育教学经验，并形成书面材料。

（2）负责"学生天地"栏目，搜集问题，确定、发布每月话题，并加以整理、总结。

（3）接收通知并传达文件精神。

（4）负责"教育叙事"栏目，结集出版。

"长风破浪会有时，直挂云帆济沧海。""知而不行等于不知，行而不毅等于不行。"我们名班主任工作室的全体成员将饱含生命的激情，开拓进取，务真求实，扬鞭策马，携手共进，在教书育人的光辉事业中描绘出精彩绚丽的一笔，为教育事业美好的未来作出自己应有的贡献！

1. 创新论坛，共享成长

2017年7月10日，青岛市30位名班主任工作室的270名成员和青岛市区500名骨干班主任参加了在青岛市实验高级中学举办的"核心素养背景下班主任工作创新"教育论坛。论坛由隋淑春老师和高明清老师主持，并取得圆满成功。

论坛上首先发言的是青岛二中优秀班主任王合江老师，他就"建构家庭教育与学校教育互通的桥梁"这一主题详细展开，指出家庭教育和学校教育密不可分，要将二者融合，打造班级命运共同体。学校在亲子教育中也要发挥应有作用，要让家长正确地鼓励孩子。

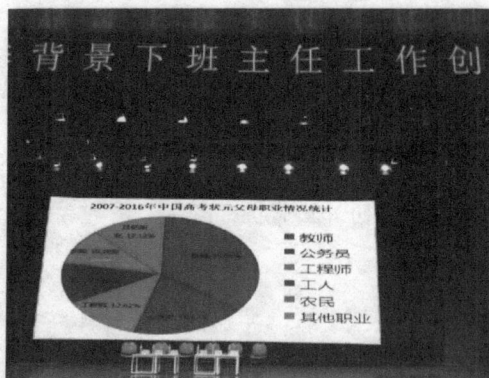

"核心素养背景下班主任工作创新"教育论坛

徐道峰老师发言的主题是"家校联盟，助推成长"。徐老师通过热播大剧《人民的名义》中四类不同的家庭教育模式来引发家庭教育的思考，指出教师、学生和家长需要深度合作，才能更好地促进学生成长。徐老师指出，可以通过班级、年级和校级三级的家委会建设，让家长更好地参与到班级甚至学校的建设中来，如通过家委会聘请有才艺的家长组建社团，开展家校联谊会、家校实践活动、家校联盟家访等。

徐道峰在教育论坛上做典型发言

"自主管理，是我最好的遇见"是青岛市第二实验初级中学的李忠荣老师在亲身经历诸多教育尝试后与我们分享的主题。李老师通过打造最美教室，搭建学生自管平台；运用小组自管机制，实现学生自我管理；借助多维评价体系，促进学生自我发展。

青岛铜川路小学李曙光老师以"家校合作是为了家校共育"为主题，用发生在身边的真实案例论证了"教育要从改变关系开始；教育要处理好各种关系；无论什么时候都不要拿孩子做筹码与家长对峙，触碰家长爱孩子的底线；家长是孩子教育的主要责任者，班主任是辅助者"。

提出"推进自主教育，实现自我成长"的乔艳冰老师在常规管理中搭建了系列化自助教育框架，在常规活动中搭建主题鲜明的自助教育平台，班级管理由高一的"班报"到高二的"目标效率卡"，再到高三的"高考加油站"，形成了衔接巧妙的"三部曲"。

班主任工作离不开对孩子的心理教育。来自青岛五十八中心理中心的山东省特级教师王克伟老师在"心理健康教育在班级管理中的应用"中，通过美国心理学家艾里斯的ABC理论告诉我们，我们无法改变环境，但可以改变心境，同时告诉我们如何将积极心理学运用到班级管理中，如何恰当地使用"心理加减法"，向我们详尽阐述了空白效应、南风效应、门槛效应、禁果效应等。

青岛市名班主任工作室第二期创新论坛舞台大、能量大、接地气。虽然论坛仅仅3个小时，但学员们都纷纷表示学到的创新点多、操作性强。作为班主任，我们要像青岛市教科院朱桃英主任讲的那样，"做研究性的班主任"，要勇于思考、勇于研究、砥砺前行。

徐道峰工作室成员相聚青岛开放大学参加启智论坛

2. 金风玉露，收获满满

金风送爽，天高云淡，在这个瓜果飘香的季节里，秋风送走了炎热的夏天，我们迎来了凉爽的秋天。2017年9月22日，我们在这个宜人的季节里，一起相聚在青岛开放大学，参加了青岛市名班主任工作室第三期"启智论坛"。

秋天是收获的季节，我们聆听了多位名师的讲座。他们先进的教学思想和理念让我们感触良多、受益匪浅。

徐道峰工作室成员认真聆听讲座

听完来自北京市大兴区德育研究室的汪克良老师的讲座"教育改革与互联网+环境下班主任的思考与思维"后，我们感到非常震撼。汪老师讲道，作为一名教师，应该具备与时俱进的教育理念——不仅是传道、授业、解惑，还应该适应时代的发展，做一名启思、导疑、有智慧的教师。一个优秀的班主任需要有以下三个特征：首先，具有与时代相同的教育观念，"授人以鱼，不如授人以渔"，要让孩子有一杯水，教师就要有不竭之泉；其次，具有处于开放的、活跃的思维态势，跟得上时代的步伐，与学生拥有更多的共同语言，易于学生沟通，易于了解学生，易于走进学生的内心世界，易于成为学生的一员，易于教育管理学生；最后，还需具有不断反思的意识。

之后，我有幸聆听了刘海美老师的"核心素养理念下的班级管理策略"讲座。刘老师为我们带来了很多她在班级管理中的锦囊妙计。"温暖的多彩盒""金语传情卡""心愿红包""阅读分享单"，都是实实在在的"干货"分享。她的班级管理策略适宜孩子的成长。刘老师是一个踏实的人，是一位为了让学生幸福、自由、快乐、智慧成长而甘愿付出、有胆识的教育工作者。

徐道峰、李伟、李爱君与专家杨虹萍合影

下午，我们共同聆听了杨虹萍老师的讲座。通过了解杨老师的"幸福二班"，我们深深地感受到杨老师是一个能够让学生幸福、家长幸福、教师幸福的人！她善于发现美好，乐于传递正能量。杨老师创建自己的班级文化，把班级经营成一个品牌。真诚、友善、尊重、感恩等情感，是幸福成长的沃土；平等、关爱、自信、分享等意识，是幸福成长的雨露。杨老师用自己的教育热情和教育机智改变了管理学生的模式，让每个学生在体验幸福、创造幸福、传递幸福中感受人情的温度、成长的自由度，从而获得生命发展的广度。

最后，我们认真聆听了隗金枝老师的讲座"系列活动促进班级文化建设"。她的班主任教育工作风格主要是注重开展丰富多彩的班级活动，在班级活动中与学生一起快乐成长。在形式多样的活动中，无须教师过多的语言，让学生自己感悟亲情、感悟友情，体验成功、体验挫折，这就是教育。作为活动的设计者，隗老师认为，应把教育的目的隐藏在活动中，隐藏得越深达到的教育效果越好。教师通过策划活动去唤醒学生心中的真诚，让他们发现生活是美好的、人心是善良的、学习是愉悦的、分享是快乐的；让学生在生活和学习中不断自发地修正自己的行为，不断实现道德人格的提升。

3. 冬日暖阳抵鹭岛，行走学习促提升

徐道峰工作室成员参加全国班主任高峰论坛

为进一步提升工作室成员综合业务素质，推动团队成员专业化发展，为基础教育的转型升级、德育工作的深入推进提供新的目标与参照，青岛市徐道峰名班主任工作室成员一行九人来到气候宜人、风光旖旎的白鹭之都——厦门，参加全国中小学德育与班主任工作高峰论坛，开启了行走学习之旅。

9日上午，在简短的开班仪式结束后，中国教育学会班主任专业委员会委员、江苏省扬州市教育科学院研究院陈萍教授作题为"班主任的角色境界"的专题报告。著名教育家成尚荣说过："人的一生会有许多角色，教师的专业发展同样如此。专业定位，专业发展的方向，在很大程度上聚焦在专业身份的确认上，否则专业发展可能会摇摆、迷茫。"陈教授为大家解释了班主任的职责和定位，用生动优美的话语，结合自己大量鲜活真实的教育案例，真情流露地娓娓道来。陈教授通过对"六个方面知识"和"六大核心能力"的解读，阐述了班主任作为组织者、教学者、感悟者等角色的境界。

徐道峰老师与陈萍教授合影

陈萍教授作题为"班主任的角色境界"专题报告

下午，中国学习科学研究会副会长任勇教授作题为"名师成长的新境界——师者：做更好的自己"的专题讲座。任教授结合自身的教育经历和对教育的理解，从名师成长的教书之道、学习之道、育人之道、育己之道四个方面对名师成长的12个育人途径进行了讲述，并就当前德育的几个走势这一话题与参会人员进行了互动交流，现场气氛热烈。

10日上午，全国优秀班主任、全国"名班主任"王家文老师的讲座"让素材型班会课开启学生心智"可谓有用、有效、接地气。在讲座中，王老师为大家展示了"来一斤母爱""招聘会""相信自己"等班会课素材。王老师像一位炼金师，对这些素材进行巧妙的运用和深入的挖掘，点睛的一笔充满灵感，穿透深厚的肌理直达素材的内核，激发出能量。

王家文老师做"让素材型班会课开启学生心智"讲座

下午的两场报告节奏紧凑、内容充实。来自河南省濮阳市油田第十五中学的首届"全国十佳班主任"段惠民老师，从提高自身基本素质、用心关爱每个学生、做学生的良师益友、班主任要有责任心四个方面来阐释"教就是教做人，育就是育心灵"理念。段老师先是通过理论引领，再通过身边的教育案例进行支撑，对我们日常的德育工作进行了总结和提升。

全国十佳班主任段惠民老师做总结

国家高级"家庭教育指导师"李楠老师的专题讲座"让学生在公共生活中成长",也是贴近实际,从班级日常管理入手,主张用团队的力量去培育班集体中的每一个学生,真正使每一个学生成为班级团队的建设者、班级问题的解决者、班级成长的记录者、班级荣誉的贡献者和班级生活的抉择者。

李楠老师做《让学生在公共生活中成长》报告

11日上午,来自宝岛台湾台南大学的著名班级经营与教学效能研究专家、博士生导师林进材教授为我们带来了海峡彼岸先进的教育理念。他的"班主任的班级管理与教学效能"报告,从一个个真实的案例入手,深入浅出地讲述了班级经营与管理的先进模式,详细叙述了在班级经营中的七个妙招,为大家构建了学习效能金字塔。先进的理念和高效的方法让在场的教师大开眼界、广开思路,不仅更新了教育理念,还为今后的发展方向提供了思路。

11日下午和12日上午的德育名校现场观摩活动,让我们亲身感受到了各所名校深厚的文化底蕴和先进的办学理念。进入莲花中学,我们被她浓厚的人文气息所感染,伟人浮雕、莲花文化墙、生态角、电子屏幕上滚动的字幕无不彰显着这所学校的成绩与特色。"果行育德"是莲花中学的灵魂，"绿色、书香、文明、和谐"是莲花中学的追求。

12日上午，我们刚到北京师范大学厦门海沧附属学校，蔡稳良校长便带领着我们参观了整个校园。学校庭院式的校园建筑和干净亮丽的校园环境让我们赞叹不已，我们纷纷拿出相机留下精彩、留住美丽。随后，我们来到会议室聆听了该校范睿老师的"班主任工作常规与方法"的经验介绍和蔡稳良校长的"让课程在爱与兴趣中生发"的专题讲座。蔡校长以平实的语言，结合典型事例讲述了学校如何构建"九年影响一生育人课程体系"，开设多姿多彩的校本课程和"班级管理研究工作室"，以满足孩子多样化的个性选择。

美好的时光总是过得很快，本次"行走学习"忙碌而又充实。通过参加此次活动，不仅拓宽了我们的教育视野，而且让我们对学生德育管理的真谛有了更直观、更深层次的理解，对今后在学生工作中如何进一步改变司空见惯的不合适的管理现象，打造管理的新时代、新形式、新德育、新素养有很深的启发作用。行走虽然结束，学习仍在路上，让我们携手同心，继续前行，共同提升！

4. 北上东方鲁尔研习文化教育与德育新常态

徐道峰工作室成员参加沈阳培训

　　为了进一步提高工作室成员的业务素质、管理水平，提升班主任分析问题和解决问题的能力，暑假期间我们也没有忘记充电与学习，参加了首届中华优秀传统文化教育与德育新常态建构高级研修班。我们工作室一行四人来到了时尚而庞大、古老又现代的东北代表性城市——沈阳。

　　我们认真聆听了北京教育学院校长、研修学院教授、德育与班级管理研究中心主任迟希新教授的"学校全员育人的理念和有效实施"主题报告。迟教授的报告深入浅出，重点阐述了德育工作要将国家意志、文化传承、学校培养目标、学生成长需求四方面有机结合起来，使德育工作生活化、校本化、个性化，全面落实全员育人的理念；要制订科学的教师和学生发展规划，明确长期和近期发展方向，目标具体，过程具体，评价具体，让教师在教学中真正享受职业幸福感，让学生真正享受学习的乐趣。

徐道峰、况淑芝、于金堂、李伟与迟希新教授合影

我们有幸聆听了全国第一位礼仪特级教师、"校园文明礼仪教育实验研究"课题组组长、河北省任丘市教育体育局礼仪办公室主任贝新茝老师为我们作的"学校礼仪课的开设与师生礼仪"专题报告。

徐道峰与贝新茝教授合影

文明礼仪是中华民族的传统美德，是公民道德建设的重要内容。文明礼仪教育是学校德育工作的重要组成部分。开展文明志愿者活动，是加强学校精神文明建设的客观要求，是促进学校德育工作的需要，是提

高学生文明素养、培养"四有"公民的重要举措。很佩服贝教授的战略性眼光以及对学生思想行为的独到见解。从她讲述的那个小故事可以看出，中小学生普遍存在文明礼仪缺失或对文明礼仪不了解的问题，如升旗仪式的时候，教师看见站姿不好或者是交头接耳的学生只顾生气或者批评，而没有给学生示范应该怎么去站；再如，上课的时候，教师一个劲儿地要求学生坐好，而学生真的知道怎样是"坐好"吗？手应该怎么放？脚和腿应该怎么放？这些都是文明礼仪的教育范畴。我想如果学生知道了应该怎么去做，他们一定可以成为优秀的学生。

次日，我们来到了沈阳市浑南区白塔小学。该小学是一所历史悠久、底蕴深厚的百年学校。近年来，学校秉承"追求卓越，敢为人先"的办学精神，以"办好玩的学校，育会玩的孩子"为办学目标，以"玩学课程"为主导，采用"玩中学"的教学方式，促进学生全面发展、个性成长。白塔小学的学生玩出了健康，玩出了快乐，玩出了创意，玩出了智慧，玩出了名堂。白塔小学先后被评为"全国传统文化百强校""全国中小学综合实践基地"。我们参观了道德讲堂、开放式图书馆等，聆听了李晓东校长的"构建传统文化课程体系、培养会玩的孩子"讲座，并亲身体会了李校长与学员面对面交流——"学玩课程"。我们深受启发，反思自己的教学也应该以"一切为了学生的终身发展"为目标，培养21世纪的合格人才，为在教育的改革和发展中快速前进而努力。

5. 疫情不能阻挡我们前行的脚步

2020年鼠年春节是一个特殊的春节，是一个不平凡的春节，它将永远与新冠疫情联系在一起，它将永远被人们铭记。由于抗击新冠疫情的需要，中国人自然、自觉地分为两部分：一部分战斗在第一线，一部分"宅"在家中。面对疫情，作为学生，唯有在家里不出门，静下心来好好读书、好好学习，才不会给祖国添乱。或许这样的安排打乱了一些家庭和学生的计划，但从另外一个角度来看，我觉得这是我们静下心来重新梳理自我、为后续的奋斗夯实基础的最好时机，当时，我们工作室给敬爱的教师、慈爱的父母和可爱的同学们提出一些建议。

一、教师策略篇

学生通过互联网和电视等各种媒介渠道获得了丰富的信息，有很多他们自己的主意。同时在疫情期间，很多不确定性打破了以往的生活框架和界限，一切都和以前不太一样，教师在对学生进行教育和培养的过程中，做到灵活机动，保持淡定，灵活、有策略地引导学生进入学习状态就显得尤为重要。

我们工作室徐道玉老师灵活机动地针对当前严峻而复杂的疫情形势，成立了班级寒假学习督促管理小组微信群，各小组又各自成立了小组合作交流微信群。

1. 要求每名学生在家按照学习清单学习，家长督促，定期检查批阅，并将批阅改错作业发到各小组群里，每名学生可以在群里交流作业，小组长检查批阅情况。

2. 小组长定期将本组学习情况汇报给班主任（拍照单独发给班主任），班主任定期抽查各小组每名学生的作业。

3. 对于关键生，定期进行电话家访，督促学生按部就班地学习。

4. 定期给家长发温馨提示微信，督促家长指导学生完成假期学习。

5. 对学生在家学习情况及时给予点评，对好的做法予以推广发扬，对不足之处提出改正建议。

6. 定期发布有关预防新型冠状病毒的知识，并让学生结合生物学科相关知识进一步认识该病毒的危害。

二、父母引领篇

1. 减少焦虑，做好推动

疫情当下，学生的父母们，肯定面临很多压力，容易出现恐慌和焦虑。父母在与孩子相处的过程中，要少看电视和手机，保持自身情绪的稳定，保持淡定从容的状态，做好孩子生活和学习的推动者，通过一起做家务、一起讨论和商量家庭有关安排，推动孩子在特殊的社会环境背景下得到成长。

2. 放空放下，做好陪伴

如今多数父母过于看重孩子的学习成绩。如何做到放空父母固有的、主观的思维方式，放下家长的派头，与孩子做朋友，真正以伙伴的方式来教育和陪伴孩子，是当下疫情特别宝贵的心态。

3. 坚定肯定，做好引导

新时代的孩子们自我发展越来越好，他们的自主性在社会大环境的氛围下得到了很好的培养，孩子们有自己的想法和主意，但是他们还存在很多不成熟的地方。父母需要有坚定的信念，在不断肯定和欣赏孩子的同时做好引导，使孩子更好地成长。只有不断收到来自父母发自内心的支持、肯定、赞叹和欣赏，孩子才能真正地健康成长。

4. 给力助力，做好支持

孩子们在学习和成长的过程中，离不开父母的各种支持，如何助力孩子成长，做好支持是当今父母最关注的话题。给孩子提供足够的条件，做好发展性的支持是硬道理。

5. 了解理解，做好参谋

在教育子女的过程中，说教和管教的教导模式越来越不受孩子欢迎，而孩子更多地需要倾听和理解。父母要抽出更多的时间去了解孩子，用更多的精力去理解孩子，这个时候父母需要做的，是如何做好参谋和配合，有方法、有策略地支持和影响孩子自主成长。

三、自主学习篇

第一，合理安排各种时间

合理安排时间，从大的方面讲，要对整个假期进行合理的安排；从小的方面讲，小到每一天几点起床，几点吃饭，几点开始学习，学习内容的安排、课程的设置以及作业多少都要有具体计划。

第二，科学制订学习计划

应该有计划地安排自己的假期作业，然后有针对性地预习下学期的科目，基础薄弱的同学应该对上学期的内容进行适当的总结归纳和反思，找一些有针对性的题，或者是对自己错题本上的题进行再思考、再解答。

第三，有的放矢进行预习

开学时间未定，可以通过线上学习、网上授课的App进行预习，对自己在学习过程中发现的问题要进行摘录整理，可以求助于教师，或者在下学期学习新课的时候有重点地理解关注，直到弄懂为止。

四、日常生活小妙招

1. 做好个人防护。疫情期间要尽量避免外出，外出时一定要戴口罩，进门立刻仔细洗手。如有不适，及时就医。

2. 养成良好的作息习惯。假期里依然要早睡早起，不熬夜，不赖床。

3. 坚持锻炼身体，提高免疫力。在不影响家人和邻居的前提下，可以在家里进行适当的锻炼，如坐位体前屈、原地跑、跳绳、踢毽子等。

4. 合理饮食。不暴饮暴食，不过多吃零食，不吃不卫生食品，不吃未熟透的禽类肉食。

5. 保持积极阳光的心态，不过分焦虑。通过官方媒体了解疫情信息，不信谣，不传谣。

（二）山东省优秀班主任工作室主持人

为全面加强青岛市中小学班主任队伍建设，切实提高中小学教师育人能力和水平，2022年，青岛市教育局组织召开全市中小学班主任工作创新发展论坛暨山东省优秀班主任工作室授牌仪式。市委教育工委常务副书记，市教育局党组书记、局长姜元韶，市教育局总督学李晓元，各区（县级市）教体局分管领导，首批省优秀班主任工作室负责人、主持人，市教育局有关处室负责同志参加了本次活动。

在授牌仪式上，姜元韶为山东省青岛市第一中学张磊工作室、山东省胶州市第六中学徐道峰工作室等22个工作室授牌。

山东省优秀班主任工作室授牌仪式

多年来，青岛市教育局高度重视班主任队伍建设工作，在创新机制建设、搭建成长平台、打通发展序列等方面做了诸多创造性工作。仪式上，青岛市教育局正式发布《青岛市教育局中小学班主任队伍建设政策包》，该文件囊括了提高班主任岗位的重要性和专业性、健全班主任典型选树机制、完善班主任学术发展序列、加强名班主任工作室建设、构建班主任教研集备体系、建立班主任梯队培养机制、搭建班主任专业成长平台、提升班主任教育科研水平八个大项若干条政策措施，全方位搭建班主任发展平台，切实提高学校立德树人的力度。

1. 育生有方，共振相长——徐道峰工作室成员线上交流带班育人金点子

一个人的力量是有限的，一个团队的力量是无限的。要把有限的能量转换为无限的，就需要交流相长。2022年6月17日上午，徐道峰名班主任工作室举行了线上交流带班育人金点子活动。工作室负责人高磊校长和成员参加了此次活动。

徐道峰工作室交流带班育人金点子活动

上午8点50分，工作室线上交流活动正式开始。活动由徐道峰老师主持，分三个环节。

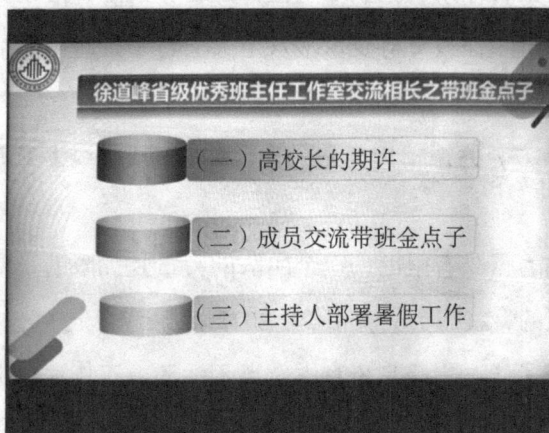

徐道峰工作室交流活动环节

徐道峰工作室负责人高磊校长谈期许

第一环节，高磊校长谈了学校对工作室的几点期许，希望工作室主持人和成员能够不负众望，努力提升专业水平，促进学校教育教学发展：一是要引领科研，做好课题。时下普遍存在的教学难题有校园霸凌问题、学生心理健康教育问题、家庭教育指导、手机管控、学涯规划和人生规划等，这些课题都值得班主任关注和研究；二是要做好传、帮、带，促进青年教师快速成长；三是要带动优质高效的课堂教学和德育管理，在"双减"背景下做到让学生乐学；四是要形成学科优势，开设平台，扩展效应。

徐道峰工作室主持人作暑假部署

　　第二环节，工作室成员分享了各自带班育人的金点子，互传正能量，交流互长。胶州市第八中学的李伟老师善用"两张脸"：冷脸是为了震慑住学生，让学生存在敬畏之心，犯了错误知错就改；而在学生表现好的时候一定会笑脸相迎，及时表扬几句、鼓励几句，一张冷脸、一张笑脸做到收放自如、适时转换。一味地"冷脸"会让学生惧怕远离，一味地"笑脸"又会让学生不知敬畏。

　　青岛市黄岛区王台中学于金堂老师厚植教育情怀，不放弃任何一个学生，让每个学生都能展现闪光点，都享受成功的喜悦。于老师进行温情家访时是这样做的：①询问家长的时间，为家长考虑。②俯下身段，与家长坐下来。俯下的是身段，拾起的是温情。③以倾听为主，倾听家长的想法、困惑。

　　胶州市第十八中学李爱君老师几乎是天天和学生一起在学校吃住，所以她带的学生跟她无话不说，学生之间也没有什么隔阂。由此可见，陪伴是最长情的告白。

徐道峰工作室成员张秀菊老师交流育人金点子

　　胶州市第六中学张秀菊老师特别关注学困生的成长。她用真诚的爱唤起了学生的共鸣，用博爱去谱写新的篇章，用真爱敷坚冰，与学生一起走向美好的未来！人是有感情的，学生是有良知的，只要舍得花时间和心血，我们完全可以用真诚的师爱去感化学生，他们一定能树立自信心，掌握基本知识，上课能认真听讲，端正学习态度，认真、及时完成作业，缩小与优生的差距。只要我们坚持常抓不懈，学困生的成绩一定会逐步提高，从而实现学困生减少、学优生增多的转化目标。

徐道峰工作室成员张秀菊老师参与研讨

胶州市第六中学杨慧老师在线上期末检测前的三周时间，根据学生的日常学习表现，单独约谈每一个学生，和学生一起分析优势和不足，指导学生确定期末的学习目标，制定适合自己的学习计划和方法措施，激发自身的学习内驱力。"宣誓"是许多学校都有的活动，但一般只有在举行重大活动时才进行，杨老师却把它纳入了班级的日常管理规范。

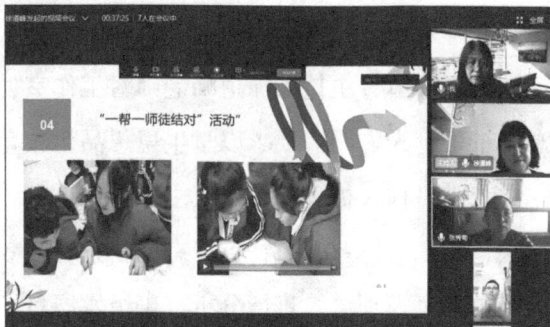

徐道峰工作室成员杨慧老师交流育人金点子

胶州市第六中学的徐道玉老师总结出一些与学生的交心技巧与大家共享：

（1）语言亲切——易于接受。

（2）巧用幽默——拉近距离。

（3）适当引用——增强哲理。

（4）多举实例——贴近生活。

（5）表露真情——易于沟通。

（6）居家学习——锤炼心智。

来自莱西市日庄镇中心中学的孙雪山老师，针对九年级学生学习自觉性有较大提高的心理特点，围绕圆满完成学业对他们进行理想教育，让学生意识到九年级将面临的任务和挑战。要激发学生高昂的斗志，发掘学生巨大的潜能就必须引入竞争，让学生自主结为竞争伙伴，竞争伙伴并不是一成不变的，而是采取不断更替的办法，当他们达到自己的目标后，就重新选择一个实力相当的竞争伙伴，所以他们在超越他人的基础上，不断地超越自我，从而形成了良性循环的态势。

胶州市第六中学的徐道峰老师认为每一个学生都了不起。所以，她努力做到了：①尊重、关爱和肯定每一个人；②指导学生树立明确的目标，激发内驱力；③培养学生自律的品质，增强内驱力；④增强班级凝聚力，防同学霸凌；⑤协助学生管控好手机；⑥重视学生的身心健康，等等。

第三环节，主持人徐道峰老师对工作室暑假工作进行了部署：每人总结带班育人方略。要求以学生思想品德教育为重点，通过班集体建设达成育人目标，梳理并总结班主任带班过程中的育人理念、思路和具体做法，做到成体系、有特色、有创新、有实效。以文本形式提交材料，内容包括育人理念、班情分析、班级发展目标、实践做法、特色和成效等。理念遵循育人规律，目标符合学情、明确具体，实践做法体现系统性和针对性，特色突出、可操作性强。2000字左右。审核后逐一上传到工作室公众号上。

徐道峰工作室始终以德育科研、业务培训、示范辐射为主要工作内容，全面建设科研型的班主任队伍，构建多层次、多形式的班主任交流学习、实践示范活动平台，打造一支专家型的班主任队伍。

2. 漫步云端助成长，共话教育待花开

2022年10月28日，徐道峰工作室全体成员开展了题为"班主任专业化发展和带班育人方略交流"的云上研讨会，会议由徐道峰主持。

"班主任专业文化发展和带班育人方略交流"云上研讨会

首先，青岛市教育科学研究院教育资源研发中心主任、山东省教育科学研究院兼职教研员胡忠瑜老师为工作室全体成员作"新时代教育背景下班主任的定位与职业化提升"专题培训。胡主任从当下班主任的定位和职业化两个方面分析了当前班主任的诸多困惑。胡主任旁征博引，结合实例给出了班主任调节焦虑情绪的8个有效方法：

（1）形成积极的解释风格。

（2）形成正确的教育理念，并坚信之。

（3）要有边界意识，学会课题分离。

（4）要有正确的"三观"，即育人观、健康观、生活观。

（5）提高带班和教学能力。

（6）教育好子女，处理好自身情感。

（7）学会理性思考，拥抱不确定性。

（8）做个淡泊名利的班主任。

徐道峰工作室线上倾听青岛市教科所胡忠瑜主任讲座

胡主任的讲座使抽象的理论具体化、深奥的知识通俗化、复杂的内容简单化，讲座犹如一场春雨，润物无声，却令人回味无穷、受益匪浅。

专题培训结束后，赵芳明工作室的成员江新芳老师和徐道峰工作室的成员张秀菊老师分别就"我的班级管理制度"和"真爱敷坚冰，一起向未来"两个话题进行了交流,两位老师从不同的角度交流了自己的带班育人方略,为全体班主任的班级管理提供了方向,提升了全体班主任的班级管理能力。

赵芳明工作室江新芳老师话题分享

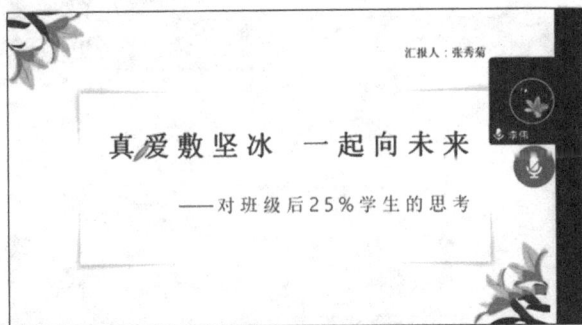

徐道峰工作室张秀菊老师话题分享

最后,主持人进行了总结,希望大家认真领会胡主任的讲座精神,能博众家之长,不忘初心,立德树人,扎根教育,成为新时代专业化的班主任。

3. 心理效应提升团队凝聚力

心理学是一门润物无声的科学,是一门关爱个体的科学。

(1)重视破窗效应,不姑息小问题。在对团队有破坏性的负面问题问题刚刚出现时就应及时解决掉,避免带来更多、更大的隐患。

（2）利用从众效应，树立正面的人物和典型案例，让成员效仿团队中的榜样，助推团队正向发展。

（3）利用好门槛效应，先引领成员完成小目标，预先做好铺垫，再向他们提出更大挑战，以此引领团队成员向着更高、更好的层次发展。

（4）利用标签效应，标榜团队每个成员都是优秀的，以此激励引领大家成为标签所标定的人。

我们怀揣同一个教育梦想，有着同样的教育情怀，齐心协力完成管理好班级的任务，带动辐射一所学校、一个区域乃至整个山东省的班级管理。在未来3年里，我们将肩并肩、手拉手，把工作当修行，"逢山齐开路，遇水共搭桥"，打造一支优秀的团队。

芬芳篇

　　成长的芬芳掠过鼻翼，是花在盛开。我热爱中国，热爱中国教育，不仅是因为中国是一个美丽智慧的民族，更是缘于这片肥沃的土地对我的滋养：她助我快乐成长，促我尽情芬芳。

　　习近平总书记在第一届全国文明家庭表彰大会上强调，我们"要重视家庭文明建设，努力使千千万万个家庭成为国家发展、民族进步、社会和谐的重要基点，成为人们梦想启航的地方"。

　　我们知道，雁群一般以"人"字形飞行。这是为什么呢？科学证明，与单飞相比较，雁群以"人"字形飞行时，彼此之间可以互相推动，至少增加了71%的飞升能力，这样雁群可以更快、更容易到达目的地。由此，我们的教育需要借力，我们教师之间的精诚合作1+1远远大于2。家校之间的合作更是这个道理，所以家校联手就能更快地推动学生成长。

第四章 家校协同，助孩子健康成长

一、家校联手，心成长

家庭教育永远是学校教育的底色。家长也是班级管理的主人公，家长是永不退休的教师和班主任。只有家校联手，一个教师带动多个家庭，一个家长带动多个家长，我们的孩子才会健康成长。2018年，我很荣幸被推荐在青岛市名班主任工作室第二次论坛上进行经验交流，交流的内容如下。

家校联盟，助推成长

尊敬的各位领导、各位老师：

上午好！今天，我交流的主题是"家校联盟，助推成长"。

前期热播的电视剧《人民的名义》诠释了四类家教的误区。

第一类：一心扑在工作上忽视了与孩子的沟通。

第二类：父母教育理念不一致，孩子无所适从。

第三类：隔代教育蹒跚不稳，任重而道远。

第四类：再苦也不能苦孩子。

特别是"70后""80后"逐渐成为家庭教育的主力军，他们的成长伴随着我国社会转型的全过程，他们重视家庭教育，却又在汹涌的社会发展大潮中迷茫失措，因此，科学的家庭教育指导成为时代的呼唤。郑立平老师提出的"生命成长共同体"让我们对家校共育有了全新的认识。教师、学生、家长深度合作，才能创造更好的生活世界。

一、我校家校活动扎实有效

胶州市第六中学在传承雷锋精神的基础上，确立了"铭德雅行"的校训和"行胜于言"的校风，以家庭教育和学校教育的和谐发展为总目标，以家长委员会建设为主阵地，充分发挥广大家长在学校管理中的作用。我校经过长期的摸索，建立起三级家长委员会网络机制，即班级家委会、年级家委会、学校家委会，并有计划、有步骤地开展了系列"铭德雅行"主题教育活动，积极培养"铭德雅行，气正志远"的优秀学子，取得了良好的育人效果。

家委会下设6个部门，分别是教育支持部、生活安全部、宣传推广部、家长社团部、活动策划部、综合事务部。我校的社团活动开展得有声有色，我校聘请了有专业特长的家长担任部分社团的辅导教师，有效地促进了社团活动的开展，如学校特聘我班陈辉的家长陈文锋为航模专职教师，推行体验教学的先进教育理念，效果显著。家长积极参与到学校的活动中，不仅会极大地丰富学校的教育资源，而且对大家的人生格局和幸福都会有深远影响。

二、我班家校活动求新求实

1. 家校联谊会

我会定时召开"家教沙龙"家长会，为家长搭建探讨家庭教育、交流家庭教育得与失的平台，研讨教育热点，如"在孩子面前放下手机""原生家庭对孩子的影响"，鼓励父母双方给孩子提供更多的正面信息，如妈妈说"你像你爸爸一样孝顺"，爸爸说"你像你妈妈一样喜欢学习"，满足孩子归属感的需求，建设"优质家庭"。另外，我还会举办学生、教师、家长励志沙龙活动。学生唱主角——学生自愿报名主持，学生用多媒体展示成果，学生交流学习方法，等等；教师致感谢词；家长颁奖，奖品是进步学生的学校风景照，照片的背面是教师鼓励性的话。这种形式不仅极大地提升了学生的心理素质和口头表达能力，更重要的是增强了学生的自信心。

每年元旦，我班都要举行一次别开生面的全员参与的演出活动。全班每个人都要准备节目，学生自由组合，家长和教师也参与其中。大家都拿出自己最大的勇气和自信，展示了自己的风采，增强了自己的主人翁意识。

2. 家校实践活动

家委会宣传推广部定时组织学生参加社会实践活动，成立了"微光互助"组织。自"微光互助"成立以来，家长和学生自发捐助多名贫困学生，胶州电视台"民生20分"栏目对此进行了报道。暑期，家委会活动策划部充分利用地域资源，组织学生到制帽厂参观并实践，了解帽子的制作过程，做了一次"小工人"。

3. 家校联盟家访团

我们组成家校联盟家访团，家长自愿报名，我是其中一员。我们每学期有计划地对学生进行多次不同形式的访谈，如登门家访、电话跟进等。我们每生必去，并且分批分类家访，讲究家访效果。家访前我们先备好课，并且适时地准备点小礼物：对于书写有待于提高的学生，就买支钢笔；对于不喜欢阅读的，就送他精致的书签或者励志书；对于学习懒惰的大多送给他本子，并在本子上写上鼓励性的话。家访过程中，在肯定学生优点、查找可以提升的空间同时，还制定有效可行的策略。例如，本班有一个男生写作业拖拖拉拉，由此，我们就请家长每晚定时把孩子的作业通过微信发到家访微信群里，然后我们及时给予反馈。对于关键生，除了到家里访谈外，我们还在周六或者周日通过电话了解学生起床时间及双休日安排，进一步强化家访效果，增强学生的紧迫感，因为紧迫感能成就美好人生。

家庭教育永远是学校教育的底色，当学生家长意识到"我也是班级的主人翁"时，其参与班集体工作的热情自然会提高很多。当他们在参与孩子学习和生活的过程中体验到快乐和幸福时，他们自身也会得到进一步的成长，进而又会助推孩子的成长。

最后，祝愿家校合作前程似锦、硕果累累，祝愿我市的班主任队伍更壮大、更强大！

（一）与时俱进的家长会

徐道峰老师组织与时俱进的家长学生励志会

家长会的形式有恳谈型家长会、专家报告型家长会、自主体验型家长会、观摩研讨型家长会等。家长会不是单一的发布会，而是定位于家校之间的沟通、理解和交流，凸显平等性、互动性，拉近了学校与家长之间的距离。为促进"家校合一"教育理念的深度融合，使学生获得最大限度的发展，我特别注重家长会内容的丰富与否和效果的好坏。家长会是教师和家长沟通的主要形式，但随着科技的飞速发展，现在微信交流和钉钉会议视频已成为教师和家长交流的最及时、最直接的形式。所以，为了顺应社会发展，我对家长会进行了改革：有时学生、家长、教师同堂，学生唱主角——学生主持，学生用多媒体展示成果，学生交流经验，等等；老师和家长只是作为配角——发奖及与学生互动。我拟定的家长会主题都是经过再三斟酌的，主要目的是对学生进行正面暗示和强化。我在家长会上的点评也都是正面鼓励的，如对关键生，我会坚定地说："只要你上课听讲，再专注动脑些，你就会梦想成真。"

只为成功想办法
——八年级暑假家长会

可敬的各位家长，可爱的孩子们：

晚上好！为了我们这些聪明、可爱的孩子走好人生的每一步，今天请各位朋友来共商孩子八年级的成长大计。

家长会是教师和家长沟通的主要形式，但随着科技的飞速发展，现在微信成为教师与家长交流的最直接、最及时的形式。所以，为了适应社会发展，我对家长会进行了改革：学生、家长、教师同堂，并且由学生唱主角——学生用多媒体展示成果，学生总结经验；教师和家长只是作为配角——发奖及与学生互动。

第一个话题：感谢

在此，我首先表达两个感谢：第一，要感谢的是在座的各位朋友。盘点过去一年的点点滴滴，我有太多的感动。不必说你们对孩子生活上无微不至的关怀，也不必说你们对孩子学习上的全面指导，单说你们对我工作上的大力支持和配合，就给了我莫大的鼓舞。感谢你们通过孩子的月工作总结的方式，真诚地与我进行书面交流；感谢你们在百忙之中还能够有请必到，恰当地处理孩子成长过程中出现的小问题；更要感谢你们能够尽自己最大努力，心甘情愿地为班级锦上添花。我清楚地记得李阳的妈妈为班级精心设计的班训艺术字的那份热心，张凯的爸爸为班级精心制作的别具一格的教杆，等等。这些事在家长们看起来也许微不足道，但是意义大、价值高，在此表示衷心的感谢。第二，要感谢我们聪明、可爱的孩子们，他们的积极向上给予了我更多的信心和感动！

第二个话题：表扬

一直以来，我教两个班的语文，又担任教研组长，工作量大，说话又多，嗓子不太好。因此，在家长会上我给学生提供更多的展示自己风采的舞台。（各科室负责人全面总结班级各方面的情况）怎么样，耳闻不如眼见吧，咱们的孩子个个都是人才。刚才孩子们总结得很全面，也很到位。他们的总结使你们更全方位地了解了孩子，从而有效地去教育孩子，使孩子发展得更快更好。感谢孩子们的精彩发言！

第三个话题：策略

我们知道，一棵小树要长成参天大树，需要我们的精心培育，一朵小花要开得芬芳美丽，需要人们用心浇灌。孩子要健康成才更需要家长去梳理、引导。

走过七年级，孩子马上就要迈入八年级：八年级没有了七年级对中学生活的新奇感，也没有九年级的压力，是一个相对平稳的时期，是潜心努力学习的时期，也是一个爬坡的时期，是一道分水岭。冲动是他们这个时期的最大特征，好奇也是他们一生中的高峰，所以需要家长们细心观察、呵护、正确引导，当好他们的导师。现在，我们最大的欣慰莫过于孩子的有德有才。真正的爱是理智高尚的爱。照顾孩子吃喝拉撒睡是爱，教孩子吃苦、教孩子成才更是大爱。我在班级管理中采用人性化管理：严中有情，情中有爱。我提倡学生自我管理，只要身心健康了，要成功并不难。老师要成功靠的是爱心、责任心、智慧。家长要优秀靠的是正确的观点和细心的引导。孩子要学业有成靠的是勤奋加方法。我班学生争创的品牌是：健康、阳光、自觉、成才，具体来说就是教育孩子心胸宽广、善良、诚实。现在不少独生子的共性就是霸道，不顾别人的感受，这样走向学校乃至社会会很不适应。毕竟走出家庭没有人会刻意去迁就你。常言道：心善胸宽天地鉴，意在心中万事圆。退一步海阔天空。以诚实待人、开朗豁达才会快乐。教育孩子拿别人的长处来弥补自己的短处，受益最大的是自己，何乐而不为？温暖是可以传递的，帮助别人也是在帮助自己，使孩子内化为自觉的行为，这样即使有些自私也不会损人。教育孩子结交积极向上的朋友，做生活的强者。这个年龄段的孩子最不定性，可塑性最强。所谓"近朱者赤，近墨者黑"，引导孩子多结交一些富有正气的孩子，相互感染、激励，这将使他们终身受益。人生有酸甜苦辣才是完整的，所以要正确看待挫折，它是人们走向成功的垫脚石。有了这些方面的体验，人才会变得越来越坚强。

教育孩子专注学习。我认为专注能使学生变得更加聪明，学习起来效率会更高、知识掌握得更加扎实。灵感是专注程度的一种体现。杂念多，其他兴奋点就会冲击对学习的专注程度。值得一提的是，由于某些因素的影响，现在的孩子比较开放，早恋问题成为班级管理的一个难点。曾有家长说过，什么年龄穿什么衣服，什么年龄干什么事，有着人类发展的规律，违背了它就要受到规律的惩罚，也就是春天有春天的事情，夏天有夏天的事情。早恋最容易消磨意志，浪费时间，孩子可能会为此付出昂贵的代价，只有翅膀上去掉了枷锁的鸟，才能飞得更高。

帮孩子合理、科学地安排假期时间。人不仅要有长远规划，更要有短期目标，有规划的人生才是更精彩的人生。家长们把该想的想到了，该做的做到了，到了晚年会活得很坦然，不至于后悔。我不想孩子们的初中生活在我这里留下遗憾，暑期8周时间，如果让孩子自由支配，多数孩子就有可能作息无规律，晚睡晚起，可能沉迷于电视、电脑，这会使孩子出现视力下降、食欲不振、精神萎靡等现象，到开学时很难收心进入学习状态。当然，孩子在假期应该彻底放松心情，痛快地有意义地玩，但是一味地玩也有无聊的时候，要讲究个度，这里我有两个建议，仅供参考：

1. 假期让孩子干力所能及的家务，如拖地、洗碗、洗衣服、做饭，前提一定要注意用水、用火、用电安全。

2. 健身。健身不仅可以强体，还可以增智，使人变得更聪明。女生适合踢毽子、打羽毛球等；男生适合踢足球、打篮球等。真诚地向各位家长提出建议：愿我们与孩子共同成长。我们要求孩子能够吃苦，我们也要懂得付出。每一个成才的孩子的背后一定有一位用心的家长，因为您就是孩子的第一任老师。李嘉诚说过：无论一个人怎样成功，都无法弥补教育孩子的失误。极个别人既不想自己付出，又不想让孩子吃苦，却想让孩子取得好成绩，那是不现实的，也是不可能的。

我的业余爱好是健身和读书，健身是为了强体，读书不仅可以怡情美德，更重要的是能更好地与社会、学校、孩子接轨，因为一个人的认识水平也具有时代性。

姜君的爸爸姜团长说过，孺子可教就教，孺子不可教就不教。其实，孺子都是可教的，只要我们齐心协力，有足够的耐心。孩子是父母的作品、学校的一分子、社会的细胞，家长和教师在孩子的成长过程中就像一部车的两个车轮，需要步调一致。祝愿我们今天的联手，能够托起孩子灿烂的明天。

孩子的潜力无穷

——八年级春节家长会

尊贵的各位家长：

上午好！不知不觉，时间的脚步已迈入2010年的虎年，我们孩子的初中生活度过了二分之一。在这"山岚呈虎性，国色暖人心"的时刻，祝愿龙腾虎跃的你们平安幸福、事业发达，祝愿生龙活虎的孩子们健康阳光、拼搏成才。

今天，我们可以很轻松地在这宽敞的教室里一起交流思想。不过内容比较多，我的语速会比较快些，请您用心听，多提宝贵意见。现在我班的教室可真是舒服，记得今年夏天换教室时，我班因班额大（83人），被安置到南一楼大厅西宽敞的教室上课，那个教室曾是上一届我所教的小班的学习天地，教室四周墙壁有好多我设计的宣传牌，我对那个教室很有感情。我也对学生宣扬了一番，因此，我和孩子们欢呼雀跃。可是第二天，学校领导和我商量说邻班有个残疾学生要到这个教室，没办法，为了顾全大局，即使我有些舍不得，还是很痛快地答应了。所以我们就来到了现在这个教室，虽然这个教室也很宽敞明亮，但楼层高些，学生觉得上下楼费时间，所以情绪有些低落，为了稳定他们的情绪，我装出很高兴的样子对他们说：我们连升三级，既可以锻炼身体，又可以享受这里的安静、阳光等，真是一举多得！经我这么一煽呼，学生的热情又高涨起来，学习的热情也涨了几分。在上一次家长会上，我表达了对你们和孩子们的感谢和祝福，今天我还是很真诚地赞一赞可敬的你们和可爱的孩子们。

首先，让我们来共享一下我用了两天时间摘录下来的你们教子心得中的经典语句，众人拾柴火焰高，相信我们都能从中受到启发。其次，我还要特别赞一赞那些用行动来帮助和鼓励老师工作的家长。你们能够乐此不疲地检查孩子各项作业，甚至不厌其烦地辅导孩子的弱科，而且要一边学习一边辅导，这可需要极大的热情、耐心。这也是对老师工作的最大支持和帮助。这里值得表扬的是杨宝琛、刘朔、李静轩、张淦、刘旭、王海昕等同学的家长。他们的甘愿付出，为我们树立了榜样。

我还要赞一赞你们能真诚地有建设性地为班级出谋划策：刘书言的家长热情地为班级制作了班训——健康阳光，拼搏成才；崔子嘉的家长提出的周总结，张楠家长提议的"我为国庆献礼"的爱国教育，刘聪的家长建议的树典型、立榜样等；还有王海昕的妈妈以朋友的身份对我说的悄悄话："徐老师，你可不能只顾及孩子们，你也要注意自己的身体呀！"好了，用不着多举例。这些肺腑之言就足以让我动容、让我温暖、让我有使不完的力气。总之，千言万语汇成6个字：真诚地谢谢了。这些可敬的家长一定会培养出可爱的孩子。

接下来赞一赞咱们的孩子，首先要赞的是八（8）班83个孩子对班级的热爱，对老师的爱戴。咱们的孩子正气、活跃、有教养，赢得了老师们的好口碑，于是，老师们上公开课都到咱们班，要知道，这是提高孩子心理素质、开阔视野的最直接的方式。孩子们丰富着我的生活，美丽着我的人生。其次，我还要赞海昕、子嘉、永强、子健等班级干部的以身作则，他们大公无私的精神令人钦佩；葳蕤、永强、海昕、宝琛、子嘉、杨昊、钰冰、启超、书言、翰荣、岳鹰、彦淇、兆威、徐震、黎昊、晓迪、晴天的正气、大度、上进、乐观、坚强，感染着所有的老师和同学；政政、启超、雅心、金喆、闫迪、张楠、宋颂、姜君、亦磊、胡雪、一舟、静轩、天宇、宇翔、成吉、泽昊等同学的力争上游、坚持不懈的精神，让老师欣喜，信心百倍；书言、彦淇、宝琛、海昕、子嘉、肖伟、崔睿、徐震、启超、岳鹰、晓迪、张楠、刘朔、刘蕾、王珺、在露、佳蓉等同学，他们规范、美观的字体让老师和同学们刮目相看。更让人欢欣鼓舞的是，钰冰和书言在市作文竞赛中荣获一等奖，杨昊、彦淇、子嘉等荣获二等奖并在胶州《春晖》上发表，这些都让大家倍感荣耀。运动场上，彦淇、书言、宇翔、晓聪、刘蒙等运动健将勇往直前的身影至今历历在目。劳动课上，颢凯、猛炜、静轩、宏扬、刘蒙等小男子汉们不怕累的精神让我们分明地看到了他们是勇挑重任、有责任心、有希望的下一代。

以上只是序幕，今天家长会的重要议题是：

1. 向各位家长汇报这半年来孩子的学习情况及我们班的工作情况；

2. 共同探讨教育孩子的一些理念和方法；

3. 安排孩子假期活动。

　　首先我向各位家长汇报一下期末考试班级的总体情况：整体上不错，至于每个人的分数已用小纸条的方式发给你们了，回家后请耐心地和孩子分析一下，找出失分根源，制定出补救措施，现在努力，一切还来得及。然后把镜头交给学生，请学生向你们汇报一下自己平时学习的表现，并具体分析一下期末成绩。（学生发言……）最后请杜冰介绍一下她上课怎样专心地听讲，请杜冰介绍一下她在家是怎样合理、科学地安排时间。

　　刚才孩子们总结得很全面、很到位，相信孩子们的眼光是亮的。他们的总结能使你们更全方位地了解孩子，从而有效地去教育孩子，使孩子发展得更好。感谢孩子们的精彩发言。

　　我的教育理念是全面提升学生的综合素质，让学生在快乐中成长。我除了制定一些强硬的班规外，更多地采用软管理、人性化管理。首先我对学生进行理想教育、礼仪教育、生命教育等。本学期开学的第一天，我就让学生办了一期主题为"为梦而搏"的手抄报，以鼓舞他们的斗志；每逢长辈的节日，我就提醒学生向亲人问候，时时给学生渗透敬老的思想；百年大计，身体第一，每逢双休日、节假日，我都布置一个特殊的家庭作业——让学生在下午4点到5点安全锻炼身体一个小时，以此感悟健康的珍贵。我以身作则，用自己的人格魅力去感化学生。

　　我想，把学生当成自己的孩子来培育，这样错不了。经过时光的打磨，其他的一切我已看得很淡，最能打动我心弦的是孩子的学习、成长。所以在学生身上，我尽自己所能，不给学生的初中生活留下半点遗憾。众所周知，任何小树苗要茁壮成长，都需要我们精心浇灌，给予营养。正如王珺的妈妈说的"好树苗也离不开人们的修剪"。

　　为了咱孩子的茁壮成长，为了不辜负各位家长的信任，我真是动了一番脑筋。每天早晨7点我与孩子们同时到校，我想用班主任效应来换取学生的高效学习。只要我到教室一站，孩子们都能专心致志地学习。我经常教育孩子们说："你们多一分努力，就多一分成功的希望。"同样也对自己说，我多付出一点，学生同样也会多收获一些。我们的付出，收获的不仅是孩子们的成功，无论将来孩子们干什么，知识多肯定比知识少要好。退一步来讲，我们现在尽了责任，将来不至于太遗憾，更重要的是自己内心的一分踏实、满足与快乐，因为拥有一个不悔的人生才是最大的赢家。

为了使学生真正在自我教育中茁壮成长，在学校我采取"小鬼当家"的管理模式，即每个学生依次做一天代理班主任，负责这一天班级工作的方方面面，并且当晚写出自己的体会、得失，第二天进行全班小结。83名学生轮当一次后，评出10名优秀者，老师进行表彰奖励，我自掏腰包奖给优秀者一个小订书机。此项管理模式不仅让学生体会到了老师工作的艰辛，更重要的是提升了他们的觉悟。

成功就是打磨自己

—— 九年级春节家长会

可敬的家长，可爱的孩子们：

在兔年来临之际，祝愿各位家长事业腾飞、家庭和睦幸福；祝愿孩子们学业有成、前途似锦！

今天我们家长会的主要内容是：

1. 分析孩子们这半年来的思想状况和学习成绩；

2. 寒假具体时间安排；

3. 中考前3个多月的奋斗目标及对策。

一、思想状况

九年级上学期已在不知不觉中度过，大部分学生已进入备考状态，想真正为自己的前途搏一搏，这也是对自己好、对自己的青春负责任的表现。我班学生在校一直穿校服，发型符合中学生要求。拾金不昧的事情在我班层出不穷，宋永强、徐小凡即使在上学路上、课间里，无人察觉的情况下捡到贵重的钱物也毫不含糊地上交。集体荣誉强：运动会上，张宇翔发挥了体育班长的魄力，全盘指挥，释放了自己的体育特长；刘书言以超人的耐力取得了800米和1500米的最好成绩；徐震、范凯文以惊人的毅力跑完了5000米，挑战了自己的长跑极限，并取得了很好的成绩。裁判员王海昕公正认真。运动场下，杜冰、杨宝琛、曲典、崔子嘉、杨昊、宋永强、崔锐、王彦其、王君崔等同学积极写稿，书写了运动员的赞歌。艺术节上，刘娇、刘朔、刘书言、王君发挥了自己的美术天赋，精心制作了艺术版画，张静涵也展示了自己的舞蹈才华。我班真是人才辈出。接下来，我重点汇报一下孩子们的学习情况。先分析期末成绩。九年级决定学生的升学，因此，每位教师一有空就往教室跑，甚至每个课间都到教室查看。各科教师认真研究教学、非常敬业，班级成绩有了很大突破。语文成绩稳居级部第一；英语、数学成绩前二；物理、历史成绩前三；政治、化学成绩前四。个人突出者，级部前50名：杨昊、杜冰、刘聪、薛玉冰、曲典、崔子佳、大徐启超。优异成绩的取得与平时自律上进紧密联系。杜冰等同学上课听讲那真是全神贯注，两眼发光，思维活跃，不容自己有半点懈怠。这种听课的最佳状态是平时严格要求自己的结果，也是自觉形成的一种学习能力，一种优秀者的学习品质。这也是将来工作出色的一笔财富。刘聪等同学不放过任何一个疑点，充分利用课间及时解决。在家里，他们也是认真及时完成作业，自觉发奋预习和复习。他们夯实基础，在平时的检测中多次获得满分，他们得到的五星最多。

暂时落后的学生主要表现为目标不坚定、意志不坚强、懒散拖拉、上课精神头儿不足。我没课的时候，就坐在教室后面坐镇，结果发现个别学生反应太慢，听得不仔细，懒惰就像一剂慢性毒药，让人丧失斗志、日渐消沉。"螃蟹浮躁，寄人篱下。"人若浮躁，则无处容身；学习浮躁，则学无所获。这样会造成遗漏，日积月累就很难有所突破。有的学生回家以后学习磨磨蹭蹭，学习效率太低。还有的学生学习投机取巧，只想要好成绩，不想出力，只是应付老师布置的作业，不会深入钻研，不及时解决疑难；或压力过重，信心不足，一味用功，不注重效果；或心事过重，患得患失、浮躁、随意，很难专心刻苦学习；或迷恋电视、电脑等。总之，这部分学生对自己要求有点低，做事缺乏斗志和毅力。这部分学生，请扬长避短，力争上游。

二、寒假具体要求

同学们，你们的聪明，你们的勤奋，无时无刻不感动着我，这将是我一份美好而永久的记忆。为了使你们有更美好的明天，我们必须精打细算中考前的最后一个寒假。寒假一个月，它对于面临升学的我们来说至关重要，它是学校生活的延续，是全面复习和查缺补漏的唯一时机，也是最好时机。所以我们对这一个月应统筹安排，充分有效利用。请家长今天晚上和孩子一起制定寒假学习课程表，定质定量，有计划，有效率。

1. 总体安排：年前完成所有科作业。年后全面系统复习初一至初三课本、笔记、试卷等，重点是初三知识。补习弱科，要有专门的本子。把书本知识嚼透啃烂，并买一些好的试题每日一练，如英语课重点买一本阅读训练。学习要有计划，有效果。我会不定时电话家访了解具体情况。

2. 自学或请人指点突破暂时落后的科目。要用心钻研，做好笔记，整理好改错本。千万不能糊弄自己，糊弄自己就是对自己不负责。要有意志力，有不服输的精神，真正用心用力才能有所突破。

三、最后冲刺阶段的奋斗目标和对策

人生能有几回搏？九年级是人生的关键时期，是学习的黄金时段。尤其是九年级最后3个多月，是决定你命运，决定你将来工作、生活含金量的关键时候，把握得好与坏将直接改写自己的人生。首先制定中考目标，然后坚持不懈一点点地向目标奋进。

一要有坚定的目标。人生在于筹划，人生的成功首先在于策划的成功。有了科学的策划，人生就有强大的动力，就会产生坚韧不拔的毅力，有策划有目标的人，每一天都是充实的。因为目标总在召唤，未来总是向它张开笑脸。只有在科学策划的基础上，把握机遇，分秒必争，才能开辟人生的新天地。

二要争分夺秒，珍惜时间。谁真正把握好平时的点滴时间，谁就会有更大的成功。珍惜时间，你的人生会实现更大价值，时间也会尊重你；不珍惜时间，时间会抛弃你，你的生命只是虚度。每个人的人生方向都是由自己的心态来决定的，积极的人生态度是成功的催化剂，它使人格变得温暖、活泼、富有弹性。充实时间容量的好办法就是挤。工作要挤才紧张，时间要挤才充裕。不轻易放过闲暇的一分一秒。闲暇对于智者来说是思考，对于愚者来说是虚度。对时间的利用率越高，就越可以靠它有个好收成。人获得的最平等的资产也许就是时间。对时间的不同运用往往会使人生变得富有或者不富有。

三要勤奋。学习要勤奋，学习就像烧开水，不到100℃是不会沸腾的，知识重在积累，有一个量变到质变的过程。在学习上每个人是平等的，关键是为与不为。任何一个学生只要想学都能成功，关键在于认真的态度和勤奋的精神。如果你真正地投入，杂念就少了，烦恼就少了，你就更快乐，学习效率也就更高。把学习当成一项快乐的工作，一项你的爱好，你才能享受到其中的快乐，你的人生才是天堂。

怎样想就会成为怎样的人。如果有意识地给潜意识一个目标，潜意识就会为实现这个目标而行动起来，所以，一个想着成功的人就有可能成功。一个人如果下决心要做成某件事，那么这个人心中将逐渐形成一种强大的动力，跨越前进道路上的种种阻碍，成功就有了切实可靠的保障。坚信你会成功，潜力无限，你就能获得成功，拼搏就有希望。拼搏就是成功的人生，拼搏者是勇士，即使没登上顶峰，也在超越自己。

四要打磨自己。如果说岁月是磨刀石，那么一个人的才华就是磨刀石上的那把刀，握住刀柄的磨刀人就是你自己。只有不停地磨砺自己，在勤奋的熊熊炉火中锻打锤炼，你的才华才会锋利明亮起来，并最终放射出夺目的光芒，抵达成功的彼岸。我们把问题和困难当成人生的教练。当生命中遇到困难或困惑时，要多与比你积极百倍千倍的人在一起，找一个比你的要求还要积极的环境陶冶自己。成功人士，都拥有自信与积极的人生态度，他们始终以饱满的激情、强烈的自信心，去坦然面对困难，并善于克服困难，犹如乘风破浪的航船，能使航船劈波斩浪，一帆风顺，到达成功的彼岸。磨炼本身就有美丽人生的动能，让磨炼变作美丽人生的养分。生命因磨炼而美丽，不仅仅是因为生命需要在磨炼中成长，更在于磨炼对生命的不可回避性。成功就是打磨自己。

五要立即改进。如果你犯了一个错误，这个世界将会原谅你；如果你不及时改正，这个世界将不会原谅你。相信自己能移山的人，必能成就事业。把自己当成塑造自己的工匠，尽可能塑造出自己想成为的样子。

有了缺点不可怕，可怕的是不及时改正，我行我素，这样很难进步。

让生活充满秩序，有秩序的生活会使你每天头脑清醒、心情舒畅、学习高效。利用好双休日，周六完成作业，周日全面复习。

命运全在拼搏，奋斗就是希望。失败只有一种，那就是放弃努力。今天的努力就是明天的希望。

励志会，我们很有仪式感！家长给孩子颁奖，奖品是订书机，实惠又实用，还有奖牌，学生拿着奖牌，充满自豪感！感恩励志会，学生感恩老师，深深鞠躬；孩子感恩父母，深情拥抱。

家校同耕耘，携手育英才

——七年级励志会

为促进"家校合一"的教育理念的深度融合，2017年11月27日下午3点半，七年级23班在六中道德讲堂召开了师生、家长同堂励志会，群策群力、共话成长。

七年级家长学生联席会

主持人闪亮登场：尊敬的老师，亲爱的叔叔阿姨、爸爸妈妈，晚上好！首先，请允许我们代表胶州第六中学七年级23班的全体老师和同学向各位家长的到来表示热烈的欢迎和衷心的感谢！

（合读）欢迎你们走进校园、走进七年级23班，和老师一起关注我们的学习和成长！

学校是我们学习、生活、成长的摇篮。

（生一）我们的成长离不开老师的谆谆教诲。

我们的成长同样离不开爸爸妈妈无微不至的关怀。

（生二）在老师辛勤的耕耘下，我们伴着书香成长。

在父母精心的养育下，我们沐浴着爱的阳光长大！

（生三）老师、同学们都很期待今天的家长会，因为邀请爸爸妈妈来，大家可以进行交流，让爸爸妈妈们了解我们在学校里丰富多彩的生活，了解我们前一阶段的表现。

（生四）同时，老师会把我们的不足之处通过家长会让爸爸妈妈知道，而爸爸妈妈们也可以把我们在家的表现和老师交流一下，以便学校和家庭一起努力，共同促进我们的成长！

（合读）下面，有请我们的徐妈妈闪亮登场！（过渡语）

（生五）我们的班级就是这么一个优秀的大集体。可是爸爸妈妈、叔叔阿姨，你们知道吗？我们班级取得这么好的成绩，要归功于我们所有的老师。

（生六）她们责任心强，不但教会了我们知识，还教会了我们许多做人的道理，默默地关心我们、照顾我们，为我们排忧解难，她们就是我们班上最可亲可敬的老师们。

（生七）育苗，不仅是我们学习的乐园，更是培养人才的摇篮。在这里，我们德、智、体、美、劳等得到了全面的发展，我们每个人的特长都得到了培养。

（生八）如果把暑假比作一块土地，珍惜时间者，可以使土地变为良田，然后在八年级耕耘，就会有丰富的收获。

（生九）虚度光阴者，空有良田沃土，只会任其荒草丛生，成为八年级学习的累赘。

（合读）所以请在暑假中充实自己、丰富自己，实现弯道超车，为八年级的辉煌奠定基础！

俗话说，金无足赤，人无完人。

我们知道，作为一名学生，我们还存在着很多不足。

老师的谆谆教导，是为了让我们更上一层楼。

父母的苦口婆心，是为了让我们苗壮成长。

老师、爸爸妈妈，谢谢你们！感谢你们一路相随！我们一定不会辜负你们的期望！

徐道峰老师主持家长学生励志会

　　在几名青春少年的激情朗诵中，家长和孩子各自拿出亲笔给对方书写的一封信，在现场把心里话说了出来，并深情地拥抱在一起；紧接着，学生对开学以来一直无私付出的任课老师鞠躬致谢……在满满感动中励志会正式开始，共分为三个议程：

学生感恩老师，给老师鞠躬

孩子感恩家长，和家长拥抱

一、宣布家委会名单并颁发聘书

家长自愿报名，组成了27人的家委会。班主任徐道峰老师和各任课老师亲自上台为每位家委会成员颁发聘书。家委会代表刘潇尧的妈妈发言，对班级前期的各项活动作总结，并对近期的几项活动发出了号召。全体家长纷纷表示一定会全力支持并积极参与各项活动，促进孩子们德、智、体、美、劳全面发展。

徐道峰老师给家委会颁发证书

二、从不同角度分析成绩并颁奖

各任课老师从学习习惯、学习态度和学习状态三个方面反馈了学生的学习情况，又根据不同学科谈了各自的学习方法和技巧，并主动沟通了需要家长配合做的事项。随后，老师、家长一起为最美班干部、最美科代表、最美值日生以及在期中考试中取得优异成绩、进步较大的学生颁奖。一块块奖牌、一份份证书，孩子们捧在手里感觉到"沉甸甸"的，学习劲头儿也更足了。

三、家校联手，共谋孩子发展大计

家长是班级管理的主人翁，是永不退休的教师和班主任，实现家校合作，会更有利于孩子的发展。华震宇的妈妈、余文博的爸爸分别分享了育子经验，博得一阵阵掌声。开学后，经过老师和家长们的积极探索，我班在"家校合作"的引领下，又推出了"师徒合作"，即同学前后位每4个人组成一个学习小组，师父带徒弟，组成"传帮带"，组与组之间展开激烈竞争，这一招看似不起眼，可同学们为了小组的荣誉纷纷利用晚上或周末的时间与家长相互沟通，探讨学习，小组4个人互帮互助，班级里形成了"你追我赶"的良好氛围。

短短两个多小时，励志会安排紧凑、内容丰富，全体家长聚精会神认真倾听，会后家长们还就个别问题与任课老师进行了积极交流。本次励志会丰富了家长教育孩子的方法，明确了家长的责任，更谱写了"家校同耕耘，携手育英才"的新篇章！

（二）周反思、周班会

每周，每人有针对性地对本周自己的亮点和缺点进行全方位的深刻思考，从而及时制定补救措施，调整好心态，扬长避短。学生在反思中快速成长，因为适时适度的反思能使人进步更快。同时，我趁热打铁，及时在班上宣读家长的建议，使学生产生共鸣、共振，并在共振中奋发向上。

每周一下午第四节课是学生放飞思想的班会课，以同学为最佳搭档，自编、自导别开生面的班会，班会主题可以针对自身特点确定，如主持人觉得自己专心学习的程度不够，那么就可以以此为话题，展开探讨，以提高认识，内化为自觉的行为；也可以由老师定，如"早恋的危害"等。每周一次的班会，不仅提高了学生的表达能力、组织能力，更重要的是开阔了他们的视野、规范了他们的习惯。

（三）月工作总结

每月，每项负责人对本月自己的及分管工作的得与失做全方面、系统的总结，总结的题目由老师定。我制定的每个题目不仅与此阶段的工作重点相吻合，而且有启发性。例如，期中考试结束后，我让学生写的月工作总结的题目是《扬长避短方可更上一层楼》。对家长反馈的意见我都认真拜读并画出要点，然后逐一与学生交流。记得本学期第一次月工作总结，正好赶上秋季运动会，我就用运动会时间拿着家长的反馈和美食与学生促膝谈心，以此感化他们。两天下来，83名学生的心声我都听到了，自己的嗓子也更沙哑了。不过，我想反正国庆节要休息8天，这8天我有的是时间休养，现在透支不要紧。这样，学生在总结中每天进步一点点，一个月、一个学期下来就能有大飞跃。总之，只要学生能进步，我付出多少都在所不惜，因为看到学生健康成长，我的心是溢满欢乐的。

每次家长、学生联席会，我都精心准备发言稿。

尊敬的家长朋友们：

大家好！

尊老爱幼是我们中华民族的光荣传统。孝顺老人是我们的义务，天经地义。抚育孩子是我们的责任，无怨无悔。这里的"抚育"包含两层含义：一层是抚养，一层是教育，只抚养不教育那等于没尽到责任。所以我们在抚养孩子的同时也要教给他做人的道理，培养他养成良好习惯，引导他走好人生的每一步。孩子是一片沃土，不耕耘就必然会杂草横生，管理的程度不同，收获的程度就不同。孩子的思想品德好，学习习惯好，百分之八十是家庭的功劳。所以对修养高的孩子，人们习惯用家教好来评价，而不是学校教得好。寻根问底就是每一个成功的孩子背后一定有一位很用心管教孩子的家长。今天就请我们班的大班长王海昕的家长介绍他是怎样用心引导孩子走好人生的每一步的。我先插几句，在孩子报到那天的自我介绍中，我发现王海昕同学人小志气大，从他那双透着智慧的眼睛里，我读出了他的能力。这一年半的实践充分证明了我的眼光没错，他做工作肯动脑、很有魄力，这百分之八十可都是家长的成绩呀！

听完模范家长的介绍，接下来我再向各位提几点不一定成熟的建议。

我们应舍得付出，在多鼓励孩子的同时敢于直视孩子的缺点，让孩子既服你又怕你。我们这个年龄是起着承"上"启"下"作用的年龄。上有老，下有小，我们都得尽心，确实很辛苦，但我们又不得不勇敢面对，就像孩子必须勇敢面对艰苦的学习生涯一样，这是我们义不容辞的责任。孩子的成功百分之八十是靠自己的努力，百分之十是靠家长的推动力，百分之十是靠老师的力量。我们这个年龄的大多数人事业已经基本定型，在做好本职工作的同时，一定要抓好我们现阶段的另一份重要工作，就是孩子的学习和成长。也就是说，我们既要种好别人的田，又别荒了自家的地，自觉成才毕竟是极个别现象。初中阶段，孩子的可塑性很强，我们对他们的教育可能会影响他们的一生。八年级下学期又是初中生活的特殊时期，是孩子的初中学习基本定型阶段，所以说抓住了八年级就等于抓住了九年级。再者，八年级下学期是最短的一个学期，只有19周，教学内容又最多，生物、地理要面临会考，可真是时间紧、任务重，这可给我们和孩子提出了一个新的难题。怎么争分夺秒，怎么高效扎实，这就需要我们利用好一切有利于孩子发展的因素。在学校，我精心设计，让孩子高效学习；在家，你们多想些点子。孩子是夫妻俩共同的作品，所以在教育孩子上应齐心协力，谁的时间多一些，谁就多辅导些，谁教子有方，谁就多指点些，谁能出多大力，谁就用多大劲，而不能相互推诿。期中考试后，我班开了个别学生的家长会，当问及孩子在家的表现时，有个别爸爸说，那是他妈妈的事，我不管；也有个别妈妈说，由他爸爸管，我不管。抚育孩子是父母心甘情愿的事，怎么能只一方管呢？下面让我举几个正面的例子吧，也许会改变某些家长的观念。我家孩子现在的同桌来自农村，家里还有个妹妹。就在家庭负担比较重的前提下，孩子的爸爸每星期到学校看望孩子，并不定时地向老师了解情况；孩子的妈妈也不甘心落后，定时地给住校的孩子写信鼓励其学习，现在人们习惯用手机而懒于写信，这位妈妈用这种独特的形式收到了意想不到的效果。这些事情看起来很简单，但要真正做好需费多少心思呀！家长用心，孩子也争气，这个孩子的成绩不仅在级部名列前茅，而且是胶州市唯一一位被选中参加省英语竞赛的学生。

还有一个我的上届学生，她真可谓一个全才生啊！品质善良，体育、舞蹈、学习样样棒，她妈妈是我的初中同学，平时工作很忙，但在孩子身上全力以赴。就举一个简单的例子吧，今年暑假我们一起去青岛新东方给孩子报名学英语，因报名晚，住宿班已满额，只有上半天课的班并且需要自己找地方住。我这位同学二话没说就请了公休假在青岛陪孩子上学。孩子上午上课，她就在外面等，孩子下午在旅馆学习，她就与孩子一起边交流边学习，这是何等的耐心与付出！现在寒假还没到，她又打算让孩子到北京新东方去学习，连大年三十都不休息。大年三十，这是我们最隆重的节日，谁会把孩子送出去学习呀？人家就这么做。这并不是狠心，也并不是不想享受春节的快乐，而是追求高，她认为学习可是过了这个村儿就没这个店儿了。

我从孩子出生的那一刻起，在不泯灭孩子童心的前提下，我就开始规划和全力打造孩子的未来。因为我意识到将来的社会对人才的需要是全方位的，孩子上幼儿园后除参加园内的美术班外，我还每周六陪她学儿童画、素描等，主要目的是培养她的耐心和审美情趣。小学，正是女孩儿长身体的时期，从一年级到六年级每周六晚，我都陪孩子到文化宫学两个小时的舞蹈，当时只想让孩子练出个好气质，个子高些，为此我们是风雨无阻。

功夫不负有心人吧！女儿高出我将近10厘米，而且她现在排练主持节目都是轻车熟路。事情都是相辅相成的，这些让她收获到了更多学习上的自信，积极向上，有着不服输的信念。另外三年级至五年级的暑假我除了让孩子参加学校的文化课辅导班外，我又给孩子报了书法班，由此孩子的字也比我的字美观得多。初中，我让孩子向更高层次发展，同样除了参加文化课辅导班，我又让孩子参加了电子琴、乒乓球、游泳等培训班。

上高中了，我要求孩子参加一些有益的社会实践活动，比如她作为胶州一中的代表成了胶州市红十字会的一名志愿者。另外，为高考做准备，我注重培养孩子的心理素质。有一次，她数学考试因粗心竟然丢了8分，中午一回家就在楼梯上叫妈，想从我这里找安慰，但我没作任何反应，要在以前，我累了她会拥抱我，她有困惑我也会拥抱她，这次我让她先吃午饭，静心分析原因，然后反思今后该怎样避免出现类似的错误，以此来提高她的心理承受能力和抗挫折能力。曾有人问我："徐老师，你孩子的综合素质高，你是怎么教育的？"我说："很简单，只要你用心，你的孩子就会优秀。不过，教育孩子的辛苦和快乐，只有自己才能体验和享受到。"

教育孩子不仅要付出要细致，还要有一定的技巧，要因材施教。对那些很上进、很听话的孩子不需多说，只要适时加以点拨、鼓励即可；对那些很不上进、不太自律的孩子，要软硬兼施，软的是心平气和地和他谈理想，谈做人；硬的就是在轻描淡写不起作用时，你就要说得严重一点，说得狠一点，但也不能说过头的话，不能说讽刺、挖苦的话，要就事论事。

人人都需要鼓励，适时适度的鼓励会使人更有信心，有更大劲头儿。所以在学校我特别留心发掘学生的亮点，即使一点点，我也不错过，比如肖伟虽然成绩暂时落后，但他写的字很漂亮，我以此为突破口，鼓励他树立学习信心。我相信你们在家里做得更好。但是人无完人，人就是在不断克服自己的缺点的过程中完善成熟起来的。所以我们要敢于正视孩子的缺点，不夸大，不缩小，不包庇。人有了缺点不可怕，怕的是不能及时纠正。如果我们能及时发现孩子的缺点并给予教导，强化成良好的行为，孩子自然会越来越好。例如，文科代表王彦淇是老师们共同认可的好孩子，很让人放心，有一次，家长打电话说孩子平时在家复习效率有点低，家长要求真高哇！

但也有极个别家长只一味地给孩子的错误找理由，个别孩子有不良习惯就是在家长无意中的包庇下形成的。家长对孩子的缺点不以为然、习以为常，长此下去，孩子就意识不到自己的缺点，即使意识到了也不在乎，这样就很难改正了。前几天。我和一位家长交流了一下孩子在学校的表现，电话那边，我听到的只是家长喋喋不休地说："我一直认为我的孩子很乖巧。"家长对老师的分析不理会，即使理会了也不会照着做。大人都这样，孩子对老师的教育更是无动于衷。我不想放弃任何一个学生，但如果家长不配合，那可就有难度了，即使老师耗费很多精力和时间，也不见得有效果。这样一来，老师用在其他学生身上的精力就少了。其实，善于并及时发现孩子的小缺点，给予及时到位的批评是大爱。请把眼光放远，多为孩子的成功想办法，而不是为孩子的错误找理由。

教育孩子要有远大的理想和坚定的信念，心无杂念地专注学习。

崇高的理想能激发一个人的潜质，当然这个理想不是不着边际的，而是使劲跷脚就能够到的。人应该有信念，这样才会更加热爱生活，也热爱生命，孩子更应该有理想，应把学习作为他们的第一渴求。这样他们才会热爱学习，并坚持不懈地为之奋斗。平时，我们应该多给孩子积极的心理暗示："你很聪明，只要努力就会成功。"合适的时机可帮孩子设定一个目标，一旦将目标变成了潜意识，那么就等于成功了一半，将会得到一种崭新的强大的支持力量，这力量会动员一切资源来帮孩子达成目标。例如，我认识一位中师毕业的老师，被分配到乡镇中学教英语，而碰巧这个老师英语水平最差，在没有退路的情况下，这个老师只能迎难而上，他始终坚守着一个信念，我不能误人子弟。为此，他有时间就看书、钻研，不懂就查资料，虚心请教别人，就在他的不服输的精神支配下，其自身英语水平和班级成绩突飞猛进。

再比如有这么一个中学生，有一次，他的数学老师布置了三道数学题并充满信心地和他说："明天把答案交给我。"晚上，前两道题很快被做出来了，但第三道题却用了半个多小时。第二天，当他把答案交给老师时，老师拥抱着他说："你太了不起了，你竟然把一道难度很大的奥赛题给做出来了，你太棒了。"这个学生惊喜地说："假如老师您告诉我这道题很难，我是绝对做不出来的。"以上两个例子告诉我们，只要一个人潜意识里有积极的信念，那么他的潜力就会爆发出来的。

最后，祝大家生活红红火火，事业蓬勃发展，孩子们茁壮成长！谢谢！

家长代表发言（一）

尊敬的老师，各位家长，各位同学：

下午好！

我是华震宇的妈妈。首先感谢徐老师给予我这么好的一个机会，让我能站在这里和大家共同讨论孩子的成长教育，我感到十分荣幸。学校对家庭教育的重视，让我们每一位家长身上多了一份责任，老师对我们每一个孩子倾注了爱心和心血，更让我们家长感动。对于教育孩子这件事情，我想在座的各位家长都有自己的一套方法。

下面，我粗浅地谈一下自己的感受，与各位家长共勉。

第一点就从咱班刚刚结束的运动会说起吧。华震宇其实在整个小学阶段都没有参加过长跑，因为我和他爸爸，包括孩子自己，我们打心底里认为，孩子跑不了长跑，他根本就不是跑长跑的料，我们认为他没有这个能力，也没有这个毅力跑下来，更不要谈可以跑出好成绩。但是，后来因为老师对我说的一句话，我改变了想法。老师说："你要相信孩子，相信他可以的，让他试试。"

后来华震宇就报名了，我就不断想起老师说的，要相信孩子，也因此，我更加坚信，孩子一定可以的。就因为我们相信了孩子，孩子也相信自己可以。我们开始想怎样提升他的耐力，他爸爸决定每天早上带他出去练练，顺便鼓励一下孩子。我也时常跟孩子说，能不能取得名次不重要，重要的是锻炼了自己的耐力，妈妈相信你可以的。就这样，我们不断地暗示孩子："爸爸妈妈相信你，你一定可以的。"直到运动会结束，我们都不敢相信，孩子不但全程跑下来了，而且取得了第二名的成绩。

一位老师跟我说过这样一句话，我也把这句话送给在座的所有家长和同学："任何事，你相信你能或者不能，你都是对的，因为结果跟你想的一样。"

我相信在座的学生更能理解这句话。比如：在学习上，当你相信自己这个学期的数学成绩可以比上个学期进步时，那结果很可能就是你的数学成绩进步了。当你相信你的作文水平可以提高时，那结果很可能就是你的作文水平提高了。因为只有当你自己无比坚信时，你才会给自己找方法；反之，如果认为自己不可能进步，那你就一定不会进步，因为你会给自己找借口、找理由。

所以，孩子们，我们一定要在自己心中种下一颗充满信心的种子，任何事都要相信，自己一定可以！

我还想跟大家分享的第二点是关于孩子的学习。在学习方面，家长可以协助孩子制订一份自己的学习计划。华震宇以前写作业特别拖拉，真的是为了写作业而写作业，我也跟孩子急过很多次。后来我才知道，教育孩子要靠智慧。

接着我想了一个方法，我采用得分制的形式，给孩子的每一项作业都设定一个合理的时间，在规定的时间，每提前1分钟奖励1分，每超1分钟扣1分，错字、潦草都会有不同程度的扣分，这样完成作业的时间就提前了，因为孩子会通过自己的努力去争取时间，他会觉得这样很有趣，其实这无形中让孩子学会了制定目标，每一项作业就是他要完成的一个小目标，每争取到1分都是他想要的结果。周末，他可以用自己争取到的时间玩会儿游戏，做一些自己喜欢的事情，自由支配他自己的时间。

所以，不管是我们家长，还是在座的学生，遇到任何问题，我们都要冷静地思考，用智慧去解决它，那么问题和困难都可以迎刃而解。那什么是智慧？

用一个公式表示：智慧＝找原因＋想办法。

其实孩子是上天给我们的最好的礼物，而且每一个孩子都是好孩子。每一个孩子所取得的每一点进步都离不开老师的谆谆教诲，离不开孩子自身的努力，也离不开同学们的无私帮助以及家长的辛勤付出。我相信，有我们的陪伴，有老师的科学指导，孩子们一定会健康成长，一定会成为我们的骄傲，一定会越来越优秀！

最后，我衷心地感谢所有老师的辛勤付出！感谢各位家长还有孩子们的认真聆听，祝愿所有的老师和家长朋友们工作顺利、家庭美满！祝愿孩子们快乐地学习、愉快地成长！

谢谢大家！

家长代表发言（二）

尊敬的各位老师、家长，晚上好！

我是鲍浩哲同学的妈妈，今天非常荣幸和大家交流教育心得，特别感谢徐老师给我们提供交流的平台和机会，感谢各位任课老师的信任。在这里，我对23班的全体老师致以最真挚的敬意。我要和大家分享的有6点。

1. 怎样对待孩子的考试。孩子的成长牵动着每个家庭的神经，孩子的成绩也成了每个家庭的晴雨表：成绩好时其乐融融、一片祥和；成绩差时阴云密布，孩子在家也要小心翼翼，唯恐有哪里做得不好触怒了家长的神经。我也一样，希望孩子有个好成绩、考个好大学，将来找一份好工作。每当孩子考完试以后，我的做法是和孩子来个拥抱，尽管男孩子现在不要妈妈拥抱。每次试卷发下来我都会给孩子找出扣分的原因，仔细分析，然后对他说还有上升空间，下次继续努力。这样孩子就不会害怕考试，让他们有一个积极的心态去迎接每一次考试。

2. 要善于和孩子沟通。每次放学回家我总是会不厌其烦地问他在学校里有什么收获或者好玩的事，有时孩子会说一些比较有意义的事，有时会说没有什么特别的事。记得印象最深的是有一次回家以后我又问他有啥好消息，他狡黠地说："我就叫好消息。"当时全家笑得前仰后合。我们在和孩子交流沟通的时候要注意方式方法，不要摆家长的架子。

3. 树立小目标。对孩子来说一定要有自己的目标，不要太长期的目标，那样的目标看起来高大上，但是不适用，先制定一个比较容易完成的目标，孩子有了兴趣以后再制定一个比较长远的目标，我经常问他的理想是什么，小时候带他去理发他会说当理发师，带他去吃饭他会说当厨师，我都欣然接受，我说不错呀，以后妈妈理发、吃饭都找你了。现在随着年龄的增长，他的理想也发生了变化，也许还没有那么明朗，但开始有自己的想法了，比如他说要保持班级前三，力争级部前十。当他这样说的时候我心里明明认为他在吹牛，但还是微笑着说你要为自己吹下的牛皮负责呀。

4. 培养孩子自主学习的习惯。最近有英语演讲，他自己选择了一篇对他现在来说难度比较大的文章。因为这篇文章里面的生词比较多，很多是他不会读的，他开始查读音、查解释，利用周末时间背诵，背诵了一段时间仍然不熟练，我们都担心他会临时更换文章，尽管他也说有点难度，背得也是磕磕巴巴，但最终还是坚持了下来。

5. 安静的学习环境和良好的学习习惯也非常重要。一般当孩子在家学习的时候，我们尽量保持学习环境安静，电视的声音开到最小，说话也不会太大声，虽然做不到孩子学习我们也学习的境界，但必须有自己的事做。给他相对独立的学习空间，在学习的时候很少会给他手机或者电子产品，有需要查阅的东西，一般采取统一查阅的习惯，把不会的题目先留下来，后面再统一处理。这样做的好处是后面还可以再仔细阅读一下题目，不至于一遇到不会的就过度依赖电子产品。

6. 劳逸结合。我在周末会带他去打羽毛球，时间不用太长，一个多小时就可以释放一周的疲惫。

家庭教育是一项非常复杂的工程，教育孩子的每一步都是不可复制的，我们只能在每一步路上不断思考，耐心地陪伴孩子慢慢成长，让我们一起用心地对待孩子，和孩子共同进步！谢谢老师，谢谢各位家长！

家长代表发言（三）

一、感谢语

自我介绍一下：我是王童玉的爸爸，从事教育培训工作。

首先感谢学校和徐老师的信任和邀请，让我和大家交流有关孩子教育的话题。这是一次难得的向各位家长、老师学习的机会。

我们在座的所有家长都深有体会，都知道徐老师付出的辛苦，有了学校和徐老师精细化的管理、无微不至的关怀、对学生严格的要求，才有了学生的健康成长！趁这次家长会的机会，我把我们家长的心声表达出来，首先把掌声送给老师（掌声）！感谢各位老师的辛勤付出！

二、进步方面

在学习方面，王童玉从刚入学到现在，成绩在级部提高了100多名，当然这还不够理想，他想争上游，取得飞跃性的进步，在各个方面都要积极努力。说起王童玉的变化，从小学过渡到初中，几个月的时间，王童玉在好多方面的进步都非常大。

第一，学习的主动性提高了。在小学阶段，他是被动学习，初中入学后，学习的事不用家长操心督促了，他能够主动写作业、主动看书、主动复习了，这与徐老师的辛勤工作分不开，与各科老师的辛勤工作分不开！徐老师经常发给我们励志的短信，我每次都认真反复地读给孩子听，孩子受到了很多启发。在孩子成绩下降的时候徐老师找他谈话，使他受益很多，他自己常说："我不能对不起徐老师对我的希望啊！我一定要努力。"他没有说过"我不能对不起父母对我的希望啊"，也可能心里想过了，可从来没说。

第二，比小学更有想法、有理想了。他想将来多为社会和国家做事，因为他知道还有很多吃不饱、穿不暖的人，还有的孩子因为贫困上不起学。他跟我们说了好多次自己的想法，我们做家长的相信孩子。

三、为谁读书的问题

我经常在王童玉的书桌上、墙上贴一些励志字条，如"我是中华民族的儿子，我深深地爱着我的祖国和人民""为中华之崛起而读书""国家兴亡，匹夫有责""要做大事，不要挣大钱"等，引导孩子弃小我、成就大我，引导孩子关心国家大事、关心老百姓的生活、关心周围的人。

引导孩子读一些励志方面的书，如名著、名人传记《华盛顿》《拿破仑》等，增强孩子的使命感、责任感。

孩子小的时候，家长要引导他树立远大理想，而不只是为了考上一所理想的大学。

四、在品德方面

我们认识到，要想使孩子成为一个对社会有用的人，首先一定要成为一个品德高尚的人，一个无私奉献、有爱心的人，一个诚实守信的人。

孩子还小的时候，我们带孩子到青岛福利院看望残疾孩子，给他们买食品、捐款。当王童玉看到那些失去父母的孤残儿童时，他对妈妈说："妈妈，我们把他们带回家吧。"院长说："这些孩子或多或少都患有疾病，需要及时治疗和观察。"打消了他把残疾儿童带走的念头。

我们平时在路上见到老弱的乞讨者，都或多或少给点钱，有时给一些衣服，孩子也学着给点零钱，自己舍弃买棒棒糖和汽水，也要先给他们。家里的一些废品，王童玉建议给捡废品的爷爷，让他们卖钱。

汶川大地震，我们跟孩子都捐了款，去年给残联捐了款。言传不如身教，家长以身作则才能达到教育的目的，让孩子懂得人要有社会责任感，有了责任感也就认识到了自己肩上的责任，也就有了自己努力的目标，就有了动力。孩子自己也认识到，只有拥有更多的知识，才能达到目标，他说："我要做的事，必须我本身有这个能力，有这个资格，我不能什么事都靠父母。"

在独立性培养方面，王童玉还没上学的时候，他妈妈就教会他自己洗袜子和内衣，让他经常参与打扫卫生、煮鸡蛋、择菜、洗碗等家务劳动。从小学三年级开始，王童玉上学放学都不用家长接送，自己锻炼身体，帮家长买东西，甚至下雨也不用家长接送或送雨伞。

五、尊重孩子

家长应该尊重孩子的人格，不能打骂孩子，也不能过分训斥孩子！打骂孩子的父母是不合格的父母，打骂是自私的行为。孩子不是父母的私有财产。

下面和大家分享几句诗，来自《孩子不是你的》：

孩子不是你的，
她在你身旁，却并不属于你，
孩子属于她生命的自己！
是生命对于自身渴望而诞生的。

她属于更多的亲朋好友！属于她自己的小伙伴！

他属于社会，属于国家，属于这个美丽的世界，属于大自然！

孩子属于他自己的生活的时代！

他应该拥有大自然赋予的一切！

她是上帝的使者！是天之骄子！

他有独特的身体和思想，是世界的唯一！

他拥有着与任何其他人完全不同的独特的唯一的人类基因！

不要棒喝！不要娇宠！不要伤害他的身体！不要伤害他的心灵！

小心呵护孩子的自尊！荣誉！还有他的小伙伴！

请珍惜和孩子在一起的每一分钟吧！……

只有家长尊重孩子，孩子才能尊重家长！家长和孩子应该是一种互相尊重的朋友之间的关系，相互关心爱护，相互支持，相互理解。

尊重孩子，首先要尊重孩子的爱好、想法（包括奇特的想法），他喜欢看探险和侦探类小说，喜欢看科幻片、动画片，喜欢画漫画，喜欢玩电脑游戏，我们认为这些都是正常的，都是孩子的天性，试想，如果一个孩子没有爱好，什么都不喜欢，只是喜欢学习，很难说孩子能够健康成长。

其次，我们努力发现孩子的优点，经常鼓励孩子，不打击孩子，从来不说孩子不行，要肯定孩子、相信孩子。我们和孩子说正能量的话，说正面的话、积极的话、肯定的话，不说负能量的话、反话、消极的话。比如，孩子小的时候，家长对孩子说"如果你听话，我就给你买玩具"，小孩儿笑了，但如果说"如果你不听话，我就不给你买玩具"，小孩儿就哭了。其实家长说的是一个意思，但效果完全不一样。

引导孩子，启发孩子，让孩子自己提出想法、提出目标，自己制定目标，家长不要代替孩子怎样怎样。一个人，应该为自己说的话负责，家长不要直接要求孩子，让孩子自己为自己的话负责，为自己的行为负责。这样，孩子责任心更强了，更加守时守信，也更有主见、更加自信。

家长要以身作则。家长在家经常看书，孩子也会经常学着看书；家长在家经常看电视，孩子也会经常看电视；家长在家打麻将，孩子也会打麻将。

早晨起来，家长和孩子先相互问候"早上好"。晚上，家长问孩子："今天开心吧？""今天有什么快乐的事？"让孩子每天都有好心情，每天都有正能量。

结语：由于时间关系，我就说这些，希望以后我们家长多交流、多探讨。总之，一切都是为了孩子。即使各位家长有一句话能受益，也是我最大的心愿、最大的满足。为了孩子的成长，为了祖国的花朵，我们每个人都有责任。家长也要不断学习，天天学习，终身学习。

最后祝各位工作顺利，万事如意！祝六中明天更美好！谢谢大家！

优秀家长的育子感悟

今天和子晨一起参加了一场会考前的班会，班会结束后班主任老师要求孩子们写一写他们这周五下午参加九年级毕业典礼的感悟。

作为家长的我们不难读懂老师的良苦用心，参加的是九年级的典礼，作为八年级学生的你们应该想到三年来朝夕相处的同学们转眼就要各奔东西去向不同的学校，开始不同的学习生活，会考近在眼前，而这次成绩就是你们一年后去向不同学校的铺路石。你们当中会有很多人在思考这一问题，而我却开始感悟我自己的人生，过去的、现在的和将来的……

已人到中年的我，极少有机会总结自身不足，这对于我而言是一个很大的遗憾。记得在子晨读三年级的时候我问他："儿子，你觉得给你做妈妈，我可以得多少分，还合格不？"子晨毫不犹豫地回答说："我给你打90分，你是一个可以做朋友的妈妈，但还有10分是需要你努力的地方！"子晨指出了我的不足，很可惜当时的我只是沉浸在那90分的沾沾自喜之中，而忽略了那10分的不足，这导致我在以后离优秀妈妈越来越远。

去年，我有幸拜读了胶州市文科状元朱戈的妈妈张宏的一篇文章《我只是想让你成长为更优秀的自己》，从朱戈的妈妈的字里行间我深刻意识到，孩子的不同是因为父母的不同，我的孩子之所以没有那么优秀，是因为我不够优秀。优秀的孩子是家庭培养出来的而不是学校，耐心陪伴孩子的成长实际是一种理性的爱，因为爱而陪伴，因为理性而耐心，这种付出需要时间、精力、勇气和坚毅，而孩子最终收获的也不仅仅是爱好和特长，更有爱的力量！

"只要想努力，什么时候也不晚。"今天班主任老师的这句话是送给你们的，我想也同样适合我。我需要学习的地方很多，而最重要的是学习怎样做一位好妈妈。除了要做好子晨的后勤保障工作之外，我想我更应该做一个学习型、榜样型的妈妈，多读书，读好书，努力做一个知性优雅的人。在和子晨共同成长的路上，我越来越发觉自身有很大的欠缺，我想杨绛先生的那句"你的问题主要在于读书不多而想得太多"说的正是我吧！还好我能够意识到自身不足并努力修正自我，向优秀的妈妈们靠近。

人生最大的成功是孩子的成功，培养孩子是我们最大的事业。因势利导，毫不吝啬地支持孩子的爱好和兴趣，不以功利为目的，注重培养孩子的独立思想和健全人格，水到渠成，他就会成为一个优秀的人。感谢子晨班级全体师生让我还有机会学习做更好的自己！

庄稼耽误是一季，孩子耽误是一辈子

——家长会后家长反馈

徐老师您的一言一行，真的太令人感动了，言语无法形容，难怪孩子每次回家都会很兴奋，天天就像打了鸡血，每次回家模仿您跟我说话聊天，特别是每次做错了事情，都会很真诚地说"对不起，是我做错了"；每次检查他的作业他都会弯腰夸张地说"请"。作为学生家长我们有幸听了您的两次讲话，我们深切地体会到了，孩子在校的变化，他的激情澎湃不是一时的兴奋，而是您的一举一动教诲着他、感染着他，作为家长千言万语都无法表达这份幸运。其他家长都非常羡慕我们的幸运。您昨晚说得太对了，孩子的成绩不能决定一切，您想把班级里的所有学生的闪光点都挖掘出来。孩子昨晚还说了，"尺有所短，寸有所长"，我们老师想把我们班级打造成一个全面发展、不一般的班级，将来的我们都会发光发热。您说得让人非常激动也非常自豪，让我们家长不再担心孩子的青春叛逆期。谢谢！真的谢谢！孩子跟着您真正体会到了什么是感恩，我们家长非常欣慰。您开学给孩子上的第一课，不仅让孩子懂事了，也让家长明白了感恩的重要性。

徐老师，您召开家长会特别用心，我们都特别感动。您不仅是孩子的导师，也是我们家长的老师。家长会后，我们家里的"底色"变了，我们试着去多鼓励孩子。即使孩子遇到挫折，我们也会引导孩子认识到"失败也是一种资源，将错误改正了就是进步"。当孩子情绪失控时，我们家长要少说教多理解，用有温度的拥抱去舒缓孩子的考试压力。当然，孩子的成长不是一蹴而就的。在成长的路上，他们还会遇到各种挑战，我们家长也会继续努力，不断修正自己，提醒自己"向前奔跑，才能抵达"，鼓励自己"天下难事必做于易，天下大事必做于细"。

2035年，我心里的教育之树

——家长感想

写下这几个数字的时候，2035年好像一下子就跳到了我眼前。还有17年的光阴呢，那个时候，我该是一名老奶奶了。哦，为了那一代可爱的孩子们，我这个老奶奶可得好好地思索，理顺……

在我理想的一种状态中，我们的教育是一棵大树，根基扎实，树干粗壮，枝叶繁茂——父母家人的爱是根基、是树干，我们的孩子就是枝叶，尽管位置不同，作用也不一样，但是无论哪一片叶子，都翠绿油亮、生机勃勃……

一、孩子的父母要提前修够育儿学分

2035年，所有适婚青年在要孩子之前修完国家规定的相关学分，打好教育孩子的根基。

世界上最难最难的职业，就是做一个孩子的合格的爸爸妈妈。可是，世界上几乎所有的职业都有岗前培训，唯独当父母没有岗前培训。有多少人是在浑浑噩噩之中，没有丝毫的育儿理念，甚至自己完全是一个孩子，却已经成为父亲或母亲。而有一个怎样的原生家庭，有一种怎样的家庭气氛，有一种怎样的家教理念，对于一个孩子的成长来说是一种极其重要的底蕴。俗语说"三岁看大，七岁看老"，孩子直到上学才开始接受教育，这是一件很可怕的事情。爸爸妈妈都爱孩子，只是爱的方式需要调整——孩子需要的爱，才是真正的爱。所以，如果两个年轻人在要孩子之初，能了解到怎么去做才是真正的爱孩子，怎样与老人相处，为孩子营造一种爱而有度的温馨的家庭氛围，并且与孩子一起成长，我相信那些因为教育理念不当导致的失败的教育案例会大大减少。

所以，我觉得如果有一个爸爸妈妈指导中心就好了，指导中心负责对将要成为爸爸妈妈的人进行指导，每一对夫妻必须在修满学分之后才

能获得准生证。这样，在宝宝还没有出生时，更加适合他的爱的育儿土壤就已经准备好了——对于每一个小生命而言，这将会是最幸运的事情！

二、在孩子成长过程中父母要接受教育方式、方法的指导

孩子在长大过程中会遇到这样或那样的问题，让爸爸妈妈不知所措。在极其无助甚至无望的状态中，往往就会发生极端的事情。而且，当孩子在学校出现问题时，老师往往会有这样一种感觉：如果家长的理念更科学，更能配合老师的工作，孩子就更容易回到正轨上来；反之，如果家长不认可老师的教育方式和方法，孩子的问题就很难解决。有的时候，家长和学校之间有一个沟通的"隔阂"。这个时候，我们的爸爸妈妈指导中心就可以派上用场了，从一个旁观者的角度为家长疏导，提出建议，起到一个中间环节的"桥"的作用，是不是家长更容易接受？而且这个中心可以定期举行一些育儿讲座、父母沙龙……可以就孩子的教育问题引导家长进行理念的转变，进行方式、方法的指导。这样，在孩子成长的过程中，这个中心可以配合学校的教育，同时给家长持续助力。

三、孩子在学校的教育不以成绩为唯一的标准

孩子与孩子是不同的，各有各的个性，各有各的专长，拿同样的标准来要求千差万别的孩子，这对很多孩子来说是一件痛苦的事情。很希望17年后的教育有更加温暖的差别化的政策，高智商的孩子提高学习钻研的标准，成为高精尖人才；有专长的孩子接触基本的学习内容，可以在某些方面有所专攻；学习上有难度的孩子，可以降低学习的标准，而去学习某种技能……

在教育的这棵大树上，因为能力不同，有的孩子在高的树枝上，有的孩子在中间的树枝上，有的孩子在低矮的树枝上。但是，所有的孩子都能对学习充满兴趣，都能吸收到充足的阳光、水分和养料，且各安其乐，该多好！

常言说："十年树木，百年树人。"当我们这棵教育的大树枝繁叶茂的时候，我相信我们的民族会更加强大、更加优秀。期待2035年，我们大青岛的教育更加恢宏、更加创新、更加温润、更加宽厚！

学生代表谈学习方法

敬爱的老师、尊敬的叔叔阿姨们、亲爱的同学们：

下午好！

感谢徐老师给了我一次与同学们交流学习的机会！我不是一个聪明的学生，但我认为决定学生成绩的不是智商，我相信天道酬勤这个道理。

成为一名优秀的学生的第一个秘诀是"自制"。比如，这个试卷我规定自己90分钟解决，那90分钟后就停止做题！自律的人永远分得清主次，拎得清什么是学习、什么是玩乐。从小学开始，我就制订学习计划并尽力去完成它。

第二个秘诀是"高效"。每个班里都会有这么一群学生，他们看起来很努力，每天学习十几个小时，课间也在埋头苦读，考试前刻苦复习，可是成绩偏偏和付出不成正比。

为什么呢？

因为这些同学都陷入了一个学习误区，以为在学习上花费的时间越多，成绩就越好。他们看起来很努力，其实大部分时间并没有集中精力，只是在漫无目的、心浮气躁地"磨洋工"。

决定成绩好坏的并不是在学习上所花时间的长短，而是这些时间是否高效。

那么怎样做到高效呢？

1. 合理分配精力

合理分配精力就是选择在自己精力最旺盛的时候做最重要的事，实现最佳分配。"一日之计在于晨"，大多数人都是在早上刚起床时状态最好，有的学生可能在晚饭后，或9点、10点以后才会迎来最佳学习状态。所以必须有时间安排表。

2. 明确先做哪件事

每天放学回家、假期里，开始学习前一定要有一个大体规划，清楚明确先做哪件事，哪些时间用来改错，哪些时间用来背诵。

3. 在正确的时间里做正确的事

上课要以听讲为主，以理解内容为主，以记笔记为辅。如果上课走神，就失去了最佳的获取知识的渠道和时间。

4. 学会如何记笔记

笔记不要面面俱到，以重点和自我认知难点为主，不要一字不落地记下老师所有的话。

第三个秘诀是"阅读"。

有人说，"没有阅读习惯和兴趣的学生，以后成为一个卓越的人的可能性几乎为零！"阅读不好的学生不仅语文拿不了高分，政治、历史甚至需要读懂题意的数学等理科成绩也会受影响。

我喜欢读书，读的书也很杂。小说、科普、传记我都爱读，而且不只读一遍，所以写作时我不会觉得无话可说。

第四个秘诀是"坚持"。

"自律""高效""阅读"这6个字，如果不能"坚持"下来，就会功亏一篑。只要坚持到底，就会收到超乎想象的效果。

最后，我用几句话来结束我的发言：

装出来的勤奋比懒惰更可怕！

没有精力东想西想，没有时间怕这怕那！

不奋斗的话，一天一天会很容易，一年一年会越来越难，

奋斗的话，一天一天会很难，一年一年会越来越容易！

——小玮

学习方法交流

语文：把握重点巧用方法

现在已经进入中考冲刺阶段，当前同学们对语文复习存在着这样两种心态：一部分同学认为语文知识点繁多，而且中考侧重考查学生的课外迁移能力，考查课本的内容少，因此往往把精力投放在一些"速成"的科目上，复习语文时十分浮躁；也有一部分同学认为，认真复习了课本的知识，也做了大量的阅读题，考试却不见成效，感觉语文复习无从下手，于是干脆放弃。这些做法都是很不可取的。实际上，语文学科同其他学科一样，有其自身的知识系统和复习规律。从前几年学生复习情况来看，在冲刺阶段，若能够按照老师的复习计划，复习形成知识网络，答题依据正确的技巧方法，稳扎稳打，考试前做到成竹在胸，考试中就能够取得理想的成绩。

数学：主要记忆课本中的公式、定义，要做到张口就来

要多做习题，目的是从习题中掌握学习的窍门，解不同的题有不同的方法和技巧，尤其是函数中的动点问题是现在出题的热点，要多做，但不要做太难的题，以会为主。初中数学的学习重点是函数（包括一次函数、正比例函数、反比例函数、二次函数）的意义和性质，三角形的基本性质、相似、全等、旋转、平移、对称等，四边形（包括平行四边形、梯形、棱形、长方形、正方形）、多边形的性质、定义、面积。

物理：主要记忆课本中的公式、定义（重在理解不是死记硬背）

对课本上的实验要完整地重看一遍，要理解透彻，就是把书上的实验都填全就行了，这是考试的重点。物理学分为声学、光学、电学、热学、力学，就这几部分。

英语

1. 制定目标，寻找榜样。我学习英语的目标就是取得理想的成绩，所以我在上课的时候会认真听讲、认真写作业。还有，我觉得在课上每学习一个知识点，就感觉自己充实了一些，会让自己很开心。再就是寻找榜样：我们班有许多英语成绩好的，在英语课堂上很活跃的同学，我很羡慕他们，他们就是我的榜样，他们激励着我不能不认真听讲，要好好做题，多回答问题，才能变得和他们一样优秀。

2. 首先，在课堂上一定要认真听讲，回答老师的问题。英语课老师的节奏很快，几乎每一句话都是一个重点，我们要注意听讲，认真做笔记，我感觉老师讲的知识就跟宝藏一样重要，所以每一个知识点都不能遗漏。其次，我们要多读、多写。这利于我们练习发音、培养语感，还能防止走神。老师经常问我们语法的问题或让我们造句拼写，我都会积极地回答老师，因为这不但是回顾知识点的好机会，更是对没有掌握的知识点进行查漏补缺的好机会。对于不会的知识点，我会建立一个专门的区域，如在书皮封面显眼的地方，专门记录自己没掌握的知识点。这能时刻提醒自己"知识点掌握了吗"并时刻回顾。

3. 充分利用错题本整理错题。我会归类整理错题，将自己认为很重要的错题、重要的知识点、知识点模糊的题整理到一起。

总之，学习英语要找准目标、设定榜样、上课认真听讲、积极回答问题、随时查漏补缺，这可以有效地提升学习成绩。

历史

1. 历史课一节课的学习内容很多，所以我们在课堂上一定要认真听讲，要紧跟老师节奏，千万不能在某个环节上掉链子，否则后面会跟不上。边听课边思考。如果真的没有跟上内容，掉队了也没关系，不要揪这一个已经讲完的知识点死磕，先放一下，先跟上后边的内容，等下课的时候，针对不会的问题再琢磨或者询问同学。另外，老师会讲到有关什么事件的根本原因，我们要理解它为什么是根本原因，理解了知识点也就好记了。

2. 历史事件的时间很重要，有时候不好记忆，所以我会把容易混淆的时间进行对比记忆，或者将一个连续事件的各个时间放在一起寻找规律，更容易记忆，这就是我的方法，当然只记一次肯定记不住，需要多加复习。

3. 首先是珍惜并高效利用课上老师给的背诵时间，老师要检查的背诵不用说大家都会卖力地去背。其次就是在讲新课期间，老师给的几分钟回顾时间，虽然不检查，但也要认真地读一读背一背。

4. 做题的时候要有耐心。我做题时会写上关键知识点，这样方便随时回顾。对于难的材料题，大家一定不能浮躁，要静下心来认真思考，结合内容，就能慢慢地把题做出来。

——佳鑫

时间抓起来就是黄金，抓不起来就是流水。懈怠带来的只有蹉跎和焦虑，出发永远是最有意义的事。努力去做，坚持把工作做细、做实、做新，不知不觉就成功了。

（四）形式多样的家访

苏霍姆林斯基说过："教育过程中要充满期待，如果把一份爱心放在家访中，就会取得意想不到的效果。"家访是教师走进学生家庭，对家长进行的一种访问，也是对教育教学工作的重要补充。它是教师关爱学生的一种表现，也是教师与家长交换意见的途径，达到共同对学生进行教育的一种方式。它作为维系教师、家长、学生的纽带，是沟通学校、家庭、社会的桥梁。通过家访，学校可以保证"两条腿"平衡走路，促使学生健康发展。家访，深入每一个家庭细致了解，与家长、学生面对面地交流，加强了社会、家庭、学生的联系，了解了家长的期望与要求，了解了学生的个性与想法，加深了师生之间的感情，家访对以后的工作将起到积极的作用。了解了家长对子女的关切与期望，也了解了一些学生家庭的困境，增强了我们的责任感，也让我们更加热爱学生，热爱工作。结合上级政策及自己的工作风格，我对于班级的特殊生和关键生在恰当的时间进行有效家访。

1. 特殊生

通过10多天的观察，我发现班里有一位男生上课爱趴着，坐姿不好。为此，我对他进行了家访。这个孩子很激动很兴奋，领着我们参观他的学习小天地，并给我们展示了他的美术作品。借势我们鼓励孩子如果腰板再直一些，可谓一个小帅哥。第二天，孩子就有了很大的转变。

2. 关键生

刚开学，班级事务很多，学生对一切都不太熟悉。于是，我们利用家访培养班级的骨干。

宣传部部长雨翰。首先，我们欣赏了她家的艺术作品，了解了家长的工作虽然很忙，但有条不紊。其次，我们顺势肯定了她的工作能力，鼓励她为班级更好地工作。

徐道峰家访雨翰

体育部部长李汉贵。李汉贵之前没当过体育部部长，怕得罪同学。我们就从这里入手，帮李汉贵分析，只要为同学们好，慢慢地他们会理解并接受。从此，李汉贵放手干，我们的体育课开展得有条不紊。

中队长徐湘。徐湘遇事容易退缩，不敢往前冲。我通过家访，和家长分析了他的工作潜质，相信他只要动脑、用心，工作会干得很漂亮。

数学科代表云鹤。他工作很认真，但效率有点儿低，为此，我们了解他在家里的情况，发现在家里他有些懒惰，为此，我们先对他进行目标教育，然后肯定他是最棒的。

家校联盟家访。家访可以拉近老师和学生的距离，走进学生的心灵世界，有的放矢地和学生交心，让学生不断挑战自我、完善自我。我的家访不仅每生必到，而且讲求家访的效果。对一些内向的、缺乏自信心和学习态度不太端正的学生，我家访的时间多在暑假。在我女儿工作之前，她是我的家访助手，因为孩子与孩子之间更容易达成共识。当然，我俩需要提前一起备好课。同时，我不定时地对一些不容易被感动的学生进行多次不同形式的电话家访、书信交流、赠送小惊喜等。初中是学生心理最容易动荡的阶段，所以班主任更应该观察学生的思想动态。

我有计划地经常性地家访，这是我对学生进行全面了解的重要渠道，可以拉近我与家长、学生之间的距离，并真正改正学生的一些顽习。正如一位学生家长所说："徐老师，你工作细，有办法，许多让我们头疼操心的事都被您解决了。"我邻居也说："你工作那么执着，休息日还关注着学生，真有责任心哪！"家访的过程有感动、有震撼、有快乐，也有艰辛，有时我一学期家访30多人次。

小明的转变

记得2000年阜安中学与云溪中学合并时，班里有一位身强力壮而又单纯的学生叫小明，这个学生学习基础差，且跟社会不良青年时有来往，并以自封的"老大"为荣。针对这个学生的特点，我先杜绝其与不良青年的交往，再不断地用事实和道理引导他，用无限的爱心感化他。经过我的两次家访和多次的因势利导，他终于认识到了怎样做一名合格的中学生：什么事该做，做什么事最光荣。但他一时又改不了自己的不良习惯，为了不给老师添麻烦，情急之下辍学回家了。为了小明的学业，我在下午放学后再次骑车到他家，同家长联系，同小明交心。功夫不负有心人，最终，小明被我的诚心所感动，决心不负老师期望，回校完成学业。此时，我才想起在常小上学的女儿还在等我呢。当我急忙奔去时，女儿正在传达室抹眼泪。女儿整整等了我一个小时，我有些心酸，但女儿却安慰我说："妈，不要紧。"女儿的理解是对我工作的最大支持。后来小明当了兵、入了党，还成了骨干，并时常来电话问好。他的家长与我见了面说："徐老师，我们和孩子真的很感谢您的家访。您到了以后连口水都没顾上喝，就坐下来和我们交谈沟通，可以看出来您是一个非常负责任的好老师。您对学生的关爱是真诚无私的，这次家访对孩子教育的意义很大，虽然他嘴上不说，但我和他妈妈能感觉到他心里的触动。您也给我上了生动的一课。再次感谢您徐老师！没有您的耐心教育，就没有孩子的今天。"

她笑了

初中是学生心理最容易动荡的阶段，所以班主任更应该多观察学生的思想动态。

2005届，本班有一个女生第一次摸底考试还不错，但在后来的几次小测验中，准确率明显下降，书写也不规范了，由此，我猜测该生肯定有什么心事。于是，我就仔细观察，发现其心绪有些不安，甚至有一天整个早读的时间满脸通红，并且表情木然。我悄悄地把她叫到教室门外，她就止不住地哭了起来。在我安慰下，她向我道出了自己的心事：原来昨天晚上爸爸、妈妈因双方老人的一些事而吵着要闹离婚。她害怕父母离婚。听后，我先一惊，然后就以成人与成人对话的方式，向她列举了一大堆父母不可能离异的理由，离婚，那只是父母一时的气话……

在安抚好了此生后，我又以朋友的身份分别做其家长的工作。下午到校，我发现该生的脸不但没舒展开，放学后还对我说："老师，我不想回家了，父母的不和让我感到很压抑。"对学生的这一状态，我非常担心，于是，在给家长通了电话后，我就请她留下。在办公室里，我们整整谈了一个小时，最后，她终于答应回家，并请我放心。当我把她送到楼下时，我又给其家长打电话，请家长对孩子笑脸相迎。此时家长已认识到问题的严重性，所以也都改变了态度。第二天孩子满脸都洋溢着幸福的笑容。为了强化谈话的效果，增强该生的自信心，第二天晚上，我又进一步家访。一进门，家长和孩子就很激动，没想到我会再次登门家访。只要学生有进步，我们老师所有的付出都值了。因为看到学生能健康成长，我的心是踏实的，是溢满快乐的。

家校协同育人的路径很多，有待于我们在实践中不懈探索。总之，家庭和谐是学生成长的肥沃土壤，家校协同育人，就能创造出幸福的教育硕果。

（五）多彩的家长开放日

六中的家长开放日是家长们的精神大餐，他们兴高采烈地迈进六中，饱含深情地走进教室，惊喜地看到学校的发展，耳闻目睹孩子在学校课堂上的表现，通过听课，家长们更进一步了解了学校的办学理念，和老师一起商讨学生的培养方案，从一个崭新的角度来认识自己的孩子，从而增进了与学校的感情。更重要的是，这一活动有利于统一家校双方的培养目标，形成强大的教育合力，也有利于帮助家长转变家教观念。尽管是周五，家长们都要上班，可是为了自己的孩子，他们放下手头繁忙的工作，走进校园，走进课堂，参与到活动中。家长们的热情充分说明他们对学校的教育教学工作的高度关注，体现出了对班级工作的支持，更体现出对孩子学习的重视。来到学校后，家长与孩子齐聚课堂共同"学习"，这可让孩子们来了劲儿，比以往更积极主动地融入课堂，小手举得比往日都高，回答问题的声音比以往都响亮，精彩的发言博得阵阵掌声。任课老师精巧的课堂设计、扎实的教学基本功、高超的课堂驾驭能力获得家长的一致好评，甚至不少家长意犹未尽，提出学校今后多开设开放课堂的期望。

课间家长也不愿闲着，纷纷走到教室后面、校园门厅观看校园富有浓浓书香气的文化布置。这可是开放日的另一道"视觉盛宴"，每个班级的主题不同，可谓"八仙过海，各显神通"。美术作品展、特色文化墙、各班独具特色的黑板报设计……无不彰显着校园文化氛围的匠心独运，紧紧吸引着家长的目光，让他们在观看之余赞不绝口。

给各位家长发放"家长意见反馈表"，更是体现了学校工作的开放和民主，家长们在反馈表上不仅可以写下听课的感受，还可以对学校今后的工作与发展规划提出自己中肯的意见，多样化的评价方式同样是"家长开放日"中值得称道的一个亮点。

在家长开放日，教师与家长零距离交流，既让家长了解了学生的在校情况，也让教师倾听了家长对学校或教师的合理化建议，整个家长开放日活动充满欢乐、和谐的气氛。我班的家长开放日进行得有声有色，家长们热情高涨，有夫妻同时来听课的，有夫妻接龙来听课的。开放日结束后，有些家长情不自禁地发来感想。

开放日家长反馈：

尊敬的老师，各位家长：

大家好！

首先感谢学校给予了这么好的机会，让家长们走进教室和孩子们同堂听讲，身临其境地感受老师们的授课。

今天的开放日活动，在老师、家长们的配合下，圆满结束。在此特别感谢潇尧、凯垚、毓彤、姿彤、王杨、承泽、宇昊、震宇等同学的家长的全天陪同，也感谢今天所有参与的家长朋友们，你们辛苦了！

最为辛苦的是今天授课的老师们，我相信今天参与的家长们都能体会到这份艰辛。老师们在课堂上采用了多种有效的教学方法，用生动的语言、独特的教学方式引导孩子们去理解所学内容，变着法儿地反复启发孩子的思维，尽可能地创造一个活泼生动的课堂环境，使孩子们在轻松愉快的氛围中掌握所学内容。

家长们热情地参与了本次活动，更加坚定了老师们的信心，我们23班的孩子们在这么多老师、家长的关注下，一定会越来越优秀。

相信23班所有家长都是智慧家长，有很多家长都想参加本次活动，迫于工作原因没办法参加，但也微信私聊我，让我帮着多关注一下孩子的上课情况。可见所有家长都非常重视学校举办的每一次活动。

俗话说"智慧的家长成就卓越的孩子"，我班孩子一定会越来越优秀、越来越卓越！孩子是我们一生最大的事业，孩子的教育只有直播，没有重播。父母对孩子教育的重视，决定了孩子未来的成就！

23班的老师、家长、孩子都是棒棒的！

家长开放日感言：

感言一：每位老师的授课都非常精彩，风格不同，特点不同，但有一点是共同的，每堂课都特别敬业认真，都是尽全力把自己掌握的知识和技巧传授给每个孩子。

感言二：孩子的成长离不开学校的培养，但更离不开家庭的陪伴，两者缺一不可。让我们一起关注孩子成长的每一步，在前进的路上不断给他们信心和力量。我们的付出定将得到满满的回报……

偶然有幸走进徐老师的课堂，听您给学生授课，您讲课亲切自然、朴实无华，没有矫揉造作，也不刻意渲染，而是娓娓而谈、细细道来，师生之间在一种平等、协作、和谐的气氛下，进行默默的情感交流，将对知识的渴求和探索融于简朴、真实的教学情境之中，学生在思考中获得知识。徐老师讲课虽然声音不高，但神情自若、情真意切，犹如春雨渗入学生心田，润物细无声，它虽没有江海波澜的壮阔，却不乏山涧流水之清新，给人一种心旷神怡、恬静安宁的感受。您独特的个人魅力感染了孩子们，无形中也在影响浸润着孩子们，您作为一名班主任在传授知识的同时点悟出做人的道理。走进六中校园，映入眼帘的是"优秀教师"获奖栏，有您这样一位优秀班主任是学生的幸事，六中的骄傲！您的付出与用心值得拥有如此殊荣！为孩子们倾心付出的同时，请您抽空关心自己的家人，注意休息！别太累了！下午连续两节语文课，我通过沙哑的声音知道您感冒还没有痊愈，但是您却一直坚持站着上完课，感恩。通过家长开放日这个平台，我们近距离地了解了孩子在课堂上的各方面表现，及时发现了他们的问题和不足并及时引导他们纠正。现阶段我们的孩子正处在青春期，青春期的孩子，就像蓬勃生长的小树，有顽强的生命力，他们需要充足的阳光、空气、营养和水分——这就是理解；同时他们精力旺盛，充满梦想和愿望，可能长出歪斜的枝杈，所以，我们要及时地修剪以保持树干的笔直和树冠的丰满——这就需要父母与孩子共同成长。在学校老师发现孩子有变"歪"的倾向，及时给他纠正回来了，回家以后如果我们家长能做到家校联合配合好老师加强巩固，那么小问题马上就会得到解决，避免了同一问题反复出现。我就想说感谢，感谢，感谢，感谢23班每一位老师的辛勤付出，孩子能遇到这么好的老师，在这么好的环境里学习，我们家长很放心也很满意。我们相信孩子在老师点点滴滴的教育下，会一天天地进步。希望孩子在以后会越来越好。谢谢老师们！你们辛苦了！

（六）家长面对面

为充分发挥家校联手的教育功能，根据上级要求，2017年5月12日下午我校开设了"家长大课堂——家长面对面"活动。本次活动由政教处主任赵公志主持，七年级300多名家长参加。

徐道峰老师在"家长面对面"活动中做报告

青岛市名班主任主持人徐道峰老师做"点亮学生心灯"家庭教育报告。徐老师结合实例从家校联手心成长、树立正确坚定的信念、营造和谐向上的家庭氛围、真实有力量地肯定四个方面向家长传授育子经验，得到了与会家长的充分肯定。之后，七年级级部高磊主任向各位家长传达了新的中考方案和学校和级部的相关要求。班主任老师和各位家长进一步交流。

多年来，胶州六中积极发挥家校联手的育人作用，最大限度地挖掘家庭方面的育人功能，通过三级家委会联动、家长大讲堂、家长开放日、不定期家长会、致家长的一封信等形式让家长广泛参与学校教育，言传身教，以心传心，以德培德，以培养学生健全的人格、健康的心理、坚强的毅力、奋斗的习惯，为孩子的成长保驾护航。

（七）家长委员会

俗话说："家庭是孩子的第一所学校，父母是子女的第一任教师。"家庭教育对人的进步成长至关重要，教师和家长共同承担着教育培养孩子的重要任务。可是，现实生活中，许多家长认为教育是学校的事，与家庭无关，于是一推了之，或者以"学生最听教师的话"为借口，将教育责任完全推到学校和教师身上，使家庭教育与学校教育不能同步，无法对孩子的教育形成合力。为了增强家长的责任意识和提高家长教育子女的艺术，我成立了班级家委会，让家长也积极参与班级管理。首先我对班级学生的家庭情况进行了详细的了解，然后经过精心的挑选，物色了一些能力较强、有责任心、能协助我共同管理好班级的家长，并把班级文化建设的规划和思路通过家委会会议告知他们。我们经过一起讨论，最终形成了一套实施方案。因此，家长们了解了学生在学校做什么，家长在家该做哪些支持老师工作的事情。这样家长有了方向，学生也就不会迷失方向。在班级中成立家长委员会这一组织机构，更能增强家长参与学校教育的兴趣和责任心。家长帮助教师策划班级活动，为班级提供帮助和支持，如联系外出乘坐车辆、参观活动的场地等。同时，家长代表可以向教师反映家长意愿，或代替教师出面澄清一些事实。通过参与这些工作，家长感受到我是真正把他们当作合作者，我们之间架起了一座沟通的桥梁。

家校同耕耘，携手育英才

——七年级6班家长委员会活动

徐道峰班家委会合影

可敬的家委会骨干：

晚上好！

9月8日，咱们23班召开了第一次家长会，会后有25位家长自愿报名参加了23班家委会。因下周即将迎来军训和运动会，以及近期咱们班要对班级文化进行设计、组织孩子们开展3次社会实践活动、对考试成绩优秀及进步大的孩子进行物质奖励等，我们25位家委会成员在本周五晚上7点召开了第一次家委会，对以上事宜进行了商讨，在此跟各位家长汇报一下。

一、军训

为尊重和感谢教官的辛勤付出，让孩子们从身体和心灵都能得到一次有教育意义的锻炼，我们在军训开始前会对教官有一个献花仪式。军训结束后，我们还会送教官一个小小的纪念品，双方以此来铭记这一段难忘的经历。

二、运动会

1. 方队。方队成员在记熟口号的同时还需要利用彩扇做动作。

2. 腰鼓队。需统一腰鼓、衣服和绸子，以展示我班风采。

3. 马扎。军训需要有马扎按要求统一就座，这样就座后队伍高低一致，不会参差不齐。目前，有几个班级已统一购买，为减轻家长们出去借或买的麻烦，我们决定咱们班也统一购买。

三、打造班级文化

家长们在打造班级文化方面没有经验，只好麻烦徐老师先通盘考虑一下总的设计方案，家长们会来帮忙。

四、社会实践活动

本学期咱们班准备举行3次实践活动。大家一起商议后，决定10月6日（周五）上午9—11点开展第一次实践活动。

主题：感恩实践活动。

集合时间、地点：10月6日上午9点，六中校园内。

活动地点：阜安南坛敬老院，孟祥宇妈妈负责联系。去前由家委会提前为老人准备好牛奶、点心、水果等物品。

参加人员：自愿报名参加。

陪同人员：徐老师和周五晚确定的7位家长义工。

接孩子时间和地点：上午11点，六中校园内。

因国庆假期家长们可能会有出行安排，想让孩子参加的家长，请下周二前报名至刘潇尧处，统计后发到群里。请根据个人情况自愿报名参加。

徐道峰班家委会会议

　　家委会是班主任和家长沟通的桥梁，是班级发展的强有力的后盾。愿我们与家长携手，共铸孩子美好未来！

（八）家校联系册——家校互助合作的载体

　　以往，作为班主任大多只关注学生在校的品德、学习等情况，而忽略了学生在家的各种表现。其实，家庭教育才真正是学生健康成长的基础。学生在未上学前，在家长的影响下，已经初步认识了很多事物，学习了一定的知识，发展了一些能力，掌握了一些道德准则，形成了一定的品格和对生活的看法。这些都直接影响着学生入学后的学习质量和品德状况。

（九）家长飞信群——老师和家长的情感纽带

　　为了方便交流，我一直以来都想建一个家长飞信群。我在家委会上提出自己的想法之后，家长们觉得我的想法很好，非常赞同，并帮助我建好了飞信群。于是，"七年6班家长工作室"闪亮登场。我在群里发布公告：和孩子一起幸福成长是我们的心愿！

　　家长们很热情，主动申请做管理员。大家经常在群里参与讨论，相互交流。通过和家长网聊，我了解到：不少家长不能把重心放在孩子身上，不是因为忙，而是因为缺乏身教的理念。同时，我看到另外一些家长的努力：冷雨翰家长对孩子关注很多，每一篇家长日记都写得非常认真，因而孩子也很自信，一下课就和我交流，真好！王致璇家长很重视孩子的心理健康，希望孩子能快乐地成长，这一点我很认同。周天泽家长对孩子成绩过分关注，对孩子的内心感受有所忽略，需要加强交流，帮孩子找回自信。戴福祥家长也很有想法，但因在外地工作，不能付诸行动，孩子的学习基础薄弱，须加以关注……

（十）用班级文化活动促进家校和谐共管

每年学校都会组织一些大型的活动并邀请家长参加，让更多的家长了解学校、了解孩子在校的表现。班级作为学校的一个组织细胞，如果能把班级文化活动开展得丰富多彩，那么就能更好地促进家校合作，达到和谐共管的境界。

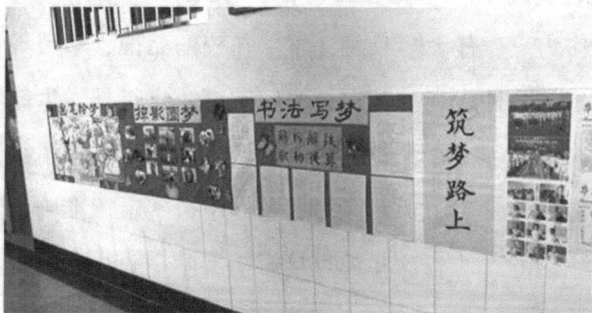

徐道峰班级走廊文化

如果说家长们是教育的门外汉，那么在我的鼓励下他们产生了自信，在我的引导下他们启发了智慧、唤醒了智慧，剩下的就是我要用班级多彩的文化活动点燃他们心中的教育激情。

（十一）家长年度人物

"家长年度人物"评选激发了家长参与班级管理的热情。这是家长参与班级管理的最重要的一个奖项，是用来鼓励在一年中在某一方面表现特别突出的先进家长典型，获得"家长年度人物"称号的家长相当于班级的"形象大使"。在评选时要综合所有任课老师和家委会成员的意见，全面合理地评价，做到公开、公正、公平。这种评选没有名额，有几个就评几个，要真正做到树起先进典型，表彰模范家长，带动全班家长向榜样学习。这项活动极大地促进了学生家长参与班级管理、共建班级和谐文化。

（十二）丰富的社会实践

1. 募捐助学

2019年8月2日，胶州六中九年级22班学生参加了在宝龙城市广场南门举行的募捐助学活动。这次活动为我市部分贫困学生解决了上学之忧。

本次募捐助学活动始终贯彻六中和向阳花爱心助学慈善基金所倡导的"奉献爱心、感受快乐"这一主题。活动中，主持人结合精彩纷呈的文艺表演，不失时机地与现场参加活动的小朋友们互动，传播慈善理念，播撒爱心种子，让一颗颗幼小的心灵在愉快的心境中领会慈善、体验慈善、践行慈善。义工们纷纷行动起来：主会场义卖物资，流动组义卖矿泉水、干花包等。在这个炎热的夏季，大家纷纷慷慨解囊，参与到活动中来，为贫困生助学金的筹集，不遗余力地付出。这次募捐助学活动得到了现场群众的高度支持，共募集善款3万多元。这些钱全部存入胶州市慈善总会向阳花爱心助学慈善基金，用于资助我市贫困学生。

一滴甘露能使花儿有颜色，一颗爱心能让脚步有方向。六中学子定会传承这种精神，用拳拳小爱铸就大大希望！

2. 到清奇多肉植物馆参观学习

阴历二月初二，阳光明媚，胶州六中七年级6班师生辗转来到清奇多肉植物馆参观学习。

踏入植物馆的大门，同学们就被满园的植物所震撼。满园的多肉植物可谓琳琅满目，叫得上名的，叫不上名的，都摆在眼前。馆内很整齐，生长中的植物、成型的植物、组合的植物都有各自的区域。同学们漫步在各个区域的小道上，慢慢地欣赏，并问工作人员相关的知识，不禁表露出一副副惊叹的神情，原来培育一株多肉植物这么不容易！

多肉植物具有发达的肉质茎、叶和根，大部分生活在干旱地区，具有发达的储水薄壁组织、表皮角质和被蜡层，皮孔较少。全世界多肉植物共有一万余种，它们都属于高等植物。有些植物的花开得十分漂亮，像一个宝莲灯，有些植物长得特别高，在花盆里亭亭玉立。种植多肉植物的泥是日本的泥块，不需要经常浇水。

观赏过程中，不少同学的目光聚焦在一盆小植物上——生石花。这株植物不像一些大红大紫的花妖艳绚丽，却有着它的特色。生石花，顾名思义，外形酷似石头，有着清晰的纹理，不过摸起来毛茸茸的，不像石头一般硬，中间还开出一朵小小的花，十分可爱。据了解，生石花长成石头状是为了拟态，开花时花朵几乎将整个植株都盖住，非常娇美。花谢后结出果实，可收获非常细小的种子。生石花生长得极慢，一般3年才能成型。

最引人注目的是桃美人，原产于墨西哥。其叶片排列呈倒卵形，如同桃子一样可爱肥厚。在阳光充足且温差大的环境下，其叶片会变成粉红色，缺少光照时叶片呈现白色，和星美人相似。星美人的叶片很厚，带有淡紫红色，呈花钟形。还有石头花、金牛座、姬胧月等。多肉植物还可以做成盆栽，叶片肥厚，十分可爱。同学们又仔仔细细地看了几列，形状各异，名字也各不相同：紫罗兰女王、银星、狂野伯爵、大白鲨，星座系列里，还有个长得怪丑的"双子座"。

多肉植物虽然生命力很强，但生长极为缓慢，能够长这么大更是需要漫长的等待。可谓经过辛勤培育后就是最华美的转身。世界上的许多成功也都是如此。

3. 为卫生城市添光彩

时值2016年五一劳动节，胶州市第六中学八年级6班的学生在千禧苑社区集合，义务为小区清理垃圾。

小区内看上去比较整洁，但是仔细观察就会发现，路旁的草丛中还是有不少的塑料瓶、废纸等，十分影响小区的环境。于是八年级6班的学生发扬了不怕脏、不怕累的精神，利用休息时间清理起小区草丛里的垃圾。经过大约两个小时的努力，小区的垃圾终于被一清而空。

这次活动使学生深刻地体会到：环境需要我们每个人去保持。如果垃圾不落地，那么胶州的大地会更美丽，胶州的蓝天会更湛蓝！

2011届《家长教子心得》经典语句集锦

每个家长都是教育专家，家长的教子方法让我深受启发。我逐一摘录《家长教子心得》中的经典语句，与大家共享，以互相启发，互相借鉴，共同提高。

书言的爸爸：父母除了要具有丰富的文化水平，还必须具备一种严谨的人生态度，使孩子处处感受到父母的正气，并在正气的氛围中正确认识和辨别周围的善恶美丑，形成良好品德。

张淦的爸爸：综合各方面的特点，有针对性地制定各项能够促进学习的措施，注重各个方面知识的积累，采取引导启发的方式，促进孩子学习不断进步。

宝琛的妈妈：注重孩子人格、习惯的培养。孩子人格好、习惯好，命运才能好。

晴天的妈妈：我们一定要努力做到有足够的忍耐力，允许孩子犯错误，但事不过二。

天宇的爸爸：不断培养孩子良好的生活和学习习惯。好习惯的形成，越早越好，并不断加以巩固。

一舟的妈妈：家庭学习是学校生活的延续，伴随孩子的一生。

徐震的妈妈：书香促和谐，和谐促成长。万金之富，不如吾一日读书之乐。

杜冰的妈妈：孩子需要鼓舞、理解、爱，言而有信。

杨昊的妈妈：找个理由让孩子彻底放松一下，接下来布置更艰巨的任务，他会兴致勃勃地学习。

子嘉的爸爸：我是儿子的父亲，儿子是我的朋友。我为儿子当向导，儿子为我争辉煌。父母孩子共勤勉，其乐融融动力强。

海昕的家长：家长要为孩子树立信心，锻炼他的身体，适当地给他制造一点挫折，培养他的责任心，不要让他放任自流。

刘旭的爸爸：与孩子共同学习。作为家长不可能门门都通，但我们要有一定的理解能力，我们学习的行为对孩子是一种最好的教育，将会使孩子终身受益。

刘聪的爸爸：家长是孩子的启蒙老师。在孩子接受教育的过程中，家长所起的作用并不亚于老师，特别是在中小学阶段。

曲典的爸爸：教育孩子要有耐心、恒心、爱心，长此以往，孩子就能平稳发展。

刘娇的爸爸：努力为孩子创造一个优良的成长环境。

岳鹰的爸爸：教育孩子成为身正志远的人。晚上和孩子一起读书，培养孩子喜欢读书的习惯。

杜冰的爸爸：每天晚上是孩子学习的好时机，家长要做到不打牌、不看电视、不聚众喝酒。与此同时，家长要多读书、看报，营造良好的家庭氛围，坚定孩子的学习意志，给孩子树立完美的学习榜样。

刘洋的爸爸：对于孩子的成长，家长要有长远的眼光，给他插上一双理想的翅膀，让他自由地飞翔。

晓迪的妈妈：发掘发生在身边的小事中的真善美，以此影响孩子，促进孩子和谐发展。

子健的爸爸：引导孩子多看一些有益的课外书籍，多了解一些国家大事。

刘洁的妈妈：教育孩子树立远大的理想，有理想的孩子，才有动力，才能拼搏，才能用心，才能主动学习。

李晨的妈妈：培养孩子良好的心态，胜不骄，败不馁，不断完善自我。

宇翔的爸爸：用自己的行动来潜移默化地教育儿子，使之在学校的大课堂里学到知识，在家庭的小课堂里学会做人。

胡雪的爸爸：锻炼孩子的自立能力，并有分辨是非的能力。

宛臻的爸爸：做家长的要像修剪小树一样，不能让孩子随便分权。

泽昊的爸爸：有志者有千万计，无志者自感千万难，凡事有度，过则不及。懒惰像生锈一样，比操劳更消耗身体，因此要更加努力勤奋地学习。

大启超（班内两学生同名，故分大、小）的家长：在孩子受到挫折时，一句鼓励的话能使他提振信心。在孩子取得成绩时，夸奖一下能使他好上更好。

小帆的爸爸：让孩子深刻理解，"老吾老以及吾之老，幼吾幼以及吾之幼。"一个内心充满阳光和友爱的人总是更容易被大家接受和喜欢。

金喆的爸爸：学习，学习，再学习，勤奋学习。

佳蓉的家长：染于黄者则黄，故染不可不慎也。家长要唱好红、白脸。

婉伊的爸爸：注意成长细节，加以灌输、提醒、纠正，愿孩子健康成长，积极向上。

颢凯的妈妈：当孩子成绩下降的时候，我们要和孩子一起静下心来慢慢交流，然后同孩子一起分析原因，制定弥补措施，并强化巩固。

萌炜的爸爸：好好学习，团结同学，戒骄戒躁，做一个德、智、体、美、劳全面发展的好少年。

王珺的妈妈：看着天真烂漫的孩子，一种神圣的责任感油然而生，深感与孩子平等交流，潜移默化地言传身教，培养孩子树立良好的价值观、人生观的重要意义所在。

肖伟的爸爸：好好学习，发挥自己的才能，报效祖国。

静文的妈妈：教育孩子要自尊自强，讲诚信。

同桐的妈妈：家长对孩子不要有求必应，必需的可满足，不合理的要限制。

闫迪的家长：对老师充分信任，可以少走弯路。

刘聪的爸爸：明确自己的奋斗目标，努力拼搏加上科学调整学习方法，不断提高学习效率，多注意平日的点滴积累和勤学苦练，确保让自己离成功更近一些。青年时期是人一生中最重要的学习时期。而中学阶段，特别是初中二年级以后到高中阶段是集中学习知识、确定人生目标的关键时刻，那么又有什么理由不奋起直追，去实现自我价值的最大化呢？

宝琛的爸爸：灵活掌握知识，注意举一反三，比一味蛮干重要得多，知不足而后改，善莫大焉。

刘朔的妈妈：我的学习我做主，家长老师再着急也没用，只有自己才能拯救自己。

海昕的爸爸：方法正确，思路明确，重点突出，难点突破，信心十足，耐心恒久，方能笑到最后。其实想得再美，不如做得更好，喊破嗓子莫如做出样子。

杜冰的爷爷：家长相信，凭你的能力，只要有自强不息、奋斗不止的信念，向着自己的奋斗目标发起冲锋，理想的彼岸就在前面。

二、家庭和谐心健康

我很重视家庭教育氛围。和谐的家庭氛围不仅能让夫妻双方感到幸福，而且温暖的光芒会一直照射着孩子。这需要夫妻同频共振：一个优秀孩子的背后一定有舍得付出的爸爸妈妈。妈妈是家庭的灵魂，爸爸是家庭的核心，夫妻同频共振，孩子感觉到自己在家里很重要，在父母眼中很重要、被欣赏，能给家庭做贡献，所以我们要特别记住，家长应温和而坚定，在这样家庭成长的孩子会更阳光、更优秀。

妈妈是家庭的灵魂。我很敬重女人们的坚韧，对生活的热爱，对家庭和孩子的责任感！前年，响应上级政策，我们学校施行小班额，每个班由原来的70多人减到50人，由此，有些孩子可能和他的好朋友分开了，感到非常失落。我班就有一个很内向的男孩儿，一度情绪很低落。他的妈妈就很智慧地说："孩子，你很幸运，又结识了这么多的朋友。妈妈要祝福你！妈妈坚信，你一定会给这些新同学留下更好的印象。"我了解到这位妈妈非常用心，她不仅指导自己的孩子，更可贵的是还关注和鞭策其他孩子，这种博爱特别有力量。在我的孩子初中跟我就读时，我会每周内不定时地抽出10分钟有侧重地和她交心。当然，这需要提前想好了关键话语，有质量的交谈才能真正有效果。在她刚上八年级时，我们探讨有关恋爱的话题，我说："小嫚，咱们班有没有你喜欢的男神呐？""有哇！"女儿说。我正惊愕中，女儿接着快速地说："老妈，你别误会，在你手下，我哪儿敢啊！"我说："小可爱，有喜欢的很正常啊，不过，现在我们只默默学习人家的长处。什么年龄干什么事，是人类发展的规律，违背了规律就要付出代价。上学是为了壮大自己，遇见更好的自己。随着年龄的增长，你的学识会越来越渊博，你的眼界会越来越高远。到了大学或者走上工作岗位后，你就会遇到那个更好的他。"

完整的教育更离不开爸爸这个角色。因为爸爸是家庭的核心。我敬重男士们的豁达、成熟和担当。我们知道思想家梁启超的子女个个成才，虽然说有基因遗传的关系，却也绝离不开梁启超的悉心教导和用心培育。

梁启超将自己与子女放在一个平等的地位，以朋友的角度与他们交谈，并且毫不吝啬地展现自己对他们的爱。

梁启超因为现实原因，总是在外漂泊，无法陪伴在子女身边。但是无论多忙，他总是会给自己的子女写去书信。而在信中，他就像朋友一样，不是督促孩子们的学业，反而是向他们分享自己最有趣的事。

梁启超并不吝啬自己的关爱，在家书中称呼自己的孩子多是"大宝贝思顺""小宝贝庄庄"等，发自内心的亲昵。正是因为有这样一个愿意站在他们的世界中看待问题的父亲、一位亦师亦友的父亲，梁氏子女才能茁壮成长为国家不可或缺的人才。

上一届有一个女生，她爸爸工作很忙，但是，他却做到每晚9点准时和女儿交流，了解她学习上的困惑。女儿数学暂时落后，他挤时间自学后辅导。女生还有一个弟弟，由妈妈负责。夫妻二人分工陪伴自己的孩子，配合默契，效果甚佳。两个孩子的成绩都非常优秀。因此，我们要因材施教、不拘一格。

（一）重视营养早餐

针对有些家长不认真做早餐，孩子匆匆外出吃点或者不吃早餐，以及有的孩子很挑食，家长做了也不吃，家长很为难的现象，我专门召开了一次家长会，要求重视营养早餐。2012届有一个女孩儿不喜欢吃青菜，但好在她喜欢吃包子和饺子，于是她的家长一大早就换着馅儿包包子、饺子给她吃。还有的孩子不喜欢吃鸡蛋，家长就变着法做鸡蛋，或者鸡蛋饼卷菜，或者蛋炒饭，等等。我家的早餐是很认真的。记得孩子上高三时，早晨走得早，我一般4点半起床，给孩子至少做一个热菜、一个凉菜。当时，我不仅担任毕业班班主任，教着两个班的语文，而且担任语文教研组长。由于我统筹安排，各项工作都有条不紊地进行。就这样，我们该做的做到了，心里就踏实了，这种踏实就是快乐。

（二）营造学习氛围

营造学习氛围分四个步骤：一是停止对孩子一切负面评价，无论他说什么，一定要忍住，哪怕他说我不要上学了，我要去种地，也不要做任何的评价，为什么？只有让他表达出来，把情绪宣泄出来，你才能够真正了解孩子。这是拉近亲子关系的关键一点。二是停掉所有的课外补习班。从今天开始，只看常规的课本，踏踏实实地看完正在学习的基础科目就可以了，只做基础题，让他能够轻装上阵，只有这样才能消除厌学的情绪。三是设置每个科目都非常容易完成的目标，如这一次数学多考了五分，比上次进步了两名，一旦完成了就给他一个隆重的庆祝仪式，可以是一家人一起开个家庭会议，也可以是吃顿好的，让他体会到这种成就感和目标达成之后的兴奋感，这样才能鼓励他继续往前走，重新建立学习的自信心。四是给予他们认可和鼓励，哪怕他只比昨天多做对了一道题，没关系，只要他比昨天好，我们就鼓励他、认可他、欣赏他，让他觉得自己在别人心目当中还是有可取之处的，他才愿意为之努力、为之奋斗，他才会觉得自己有救。我们一定要给孩子时间去培养他学习的自信心。

（三）合理使用手机

初中学生容易迷恋手机，部分学生在假期更是手机不离身，沉迷于网络虚拟世界，网络已经像空气中的水分一样渗入了我们的生活。疫情期间的线上学习给他们使用手机提供了正当理由。如何引导孩子正确使用手机是学生管理中的重要话题。孩子迷恋手机有一部分家长的原因，孩子没有归属感，所以找来找去，手机游戏恰恰给了孩子这样自主的空间、自主的权利，一关一关，他们获得奖励，一关一关，他们感觉到存在感。手机的诱惑力这么大！怎么办呢？

121

划定手机使用红线。教育部办公厅《关于加强中小学生手机管理工作的通知》要求，中小学生原则上不得将个人手机带入校园，确有需求的，须经家长同意并提出书面申请，进校后手机应由学校统一保管，禁止带入课堂；学校要将手机管理纳入学校日常管理，制定具体办法，明确统一保管的场所、方式、责任人，提供必要的保管装置，应通过设立校内公共电话、班主任沟通热线等途径，解决学生与家长通话需求；教师不得使用手机布置作业或要求学生利用手机完成作业；学校要通过多种形式加强教育引导，让学生科学地理性地对待并合理地使用手机，避免简单粗暴的管理行为。各校要做好家校沟通，家长应切实履行教育职责，形成家校协同育人合力。家长在家应划定红线，在红线之内，那么你是自由的，20分钟就20分钟，一周一次就一周一次，如果一开始守不住规矩，那么孩子就会利用大人的软弱得寸进尺。

我通过观察发现，学生迷恋手机一般是在假期。我的做法是：入学前几天，先和家委会代表制定手机管理政策，坚决禁止学生拿手机入校，我的手机就是学生的手机，有需要随时用。这样一开始就严格起来，渐渐地孩子们也就没有想法了。对那些自控力差的学生，或者家长带领进行一些自己喜欢的体育锻炼，或者师生一起参加社会实践活动，转移他们的兴趣和精力。我们耐着性子不断与其谈心，3次不行就6次，时间一长学生就不那么迷恋手机了。

（四）相信学生能做好

我们必须坚定地相信每一个学生都是想学好的，每一个学生都是向善、向美的，我们相信每一个学生都有无限的可能，所以我们说，我们的学校没有差生，每一个学生都是与众不同的，每一个学生都是父母老师最爱的，每一个学生都是具有无限潜能的。我们的学生，肯定是一代胜过一代，长江后浪推前浪。有些问题的出现有其必然因素，不是学生的错。教育的本质是引领学生更好地走向未来。为此，需要营造欢快的班级氛围，凝聚向心力和形成融洽的师生关系。榜样是最美的教育，亲其师，信其道。教师身上的勤奋、严格、自律、乐观、向上、正能量……每一个标签都会潜移默化地影响学生。老师上课期间坚决不拿手机到教室，在学生面前尽量不看手机。父母也可以对孩子这样说："你也不想玩手机，但是你控制不住自己。妈妈说你，爸爸说你，你心里面很不愉快，其实我们也很心疼你。你迷上了手机游戏，证明你心里面有很多烦恼。爸爸妈妈以前对你的关注少，所以说我们有些地方也做得不太好。你心里面有困惑尽量和我们聊一聊，爸爸妈妈永远是你的依靠，我们永远都爱自己的孩子。"

（五）满足学生合理需求

教师和家长一定要看得见孩子的需求，要满足孩子正常的心理需求，并引领他看到更高级的需求。如果一个人看见蔚蓝天空，他就很难痴迷在地上爬行，他必定要开始仰望、开始畅想。他感觉到我在家里面很重要，我在父母眼中很重要，我能做对，他们都很欣赏我；我有能力，我能给家庭做贡献，家庭幸福里面有我的重要力量。父母和老师都肯定孩子：孩子你很重要，值得尊重和欣赏，但是你要拿出行动来。那么我们就会发现孩子内心会非常有力量，所以我们要特别记住：大人内心温和而坚定，孩子内心就非常饱满。孩子内心有光、有方向，那么就会自动远离那些消极的东西。

（六）增强学生自律意识

我们知道：自律，一辈子享受不尽它的利息；不自律，一辈子偿还不完它的债务。如果你想要健身，可以去找一群同样热爱健身的人互相激励。周围的人都在努力，你自然不会想要虚度光阴。在自律的路上，和正能量的人同行，能走得更远。谁的人生都有高低起伏，但人与人的差距在于，当一些人自暴自弃时，真正的强者能转变思维，破局而出。要相信，那些你努力奋斗的日子都有它的意义。"双减"落地，学科类培训机构大幅减少。原来孩子在学校有老师管着，下课在培训班有辅导老师带着学习，回到家还有父母的监督，现在孩子自主的时间更多了。如果孩子的独立性不强，不会合理安排规划自己的课余时间，那么与他人的差距将会越来越大。因此，那些有远见的父母，早早就开始放手培养孩子的独立性，不去管孩子能力范围内的事。

"当父母为孩子做太多时，孩子就不会为自己做太多。"看不得孩子受任何苦，只要孩子遇到一点点困难，就马上冲上前去帮他们解决得明明白白，这看似是爱孩子，其实是剥夺了孩子解决问题的能力和动力。拥抱太紧的爱，很多时候是一种隐秘的伤害。每个孩子都有自我成长的权利，他的人生应该自己走，父母不能代替。父母越早放手培养孩子的独立性，他们的未来才会走得越稳。孩子能否成功解决自身遇到的困难，更多地取决于他的经历是否丰富而非是否聪明。

很多父母觉得，孩子年龄小，没有解决问题的能力，于是开始大包大揽，替孩子做决定，帮助他们排除一切障碍。然而这种做法是在剥夺孩子的锻炼机会，久而久之，孩子面对困难的勇气和解决问题的能力也会随之退化。孩子在成长的道路上难免磕磕碰碰，但成长恰恰发生在解决困难的过程中。就像邓亚萍在谈自己的育儿经时说，并非所有的压力都可以躲避，困难和挑战是我们必须去面对的，如果躲着不解决，问题就永远在那里。让孩子直面困难，就像是在身体里埋下一颗种子，当未来他们遇到困难时，先想到的不是去回头看看爸爸妈妈，而是自己去想办法解决。所以，孩子能承受的困难我们不要管。

自律的人生，才会真正自由。网上有这样一个问题："在你印象中，哪个错误认识的记忆最深刻？"一个高赞回答说："以为自由就是想做啥做啥，后来才发现自律者才会更自由。"自律和不自律，都会吃苦。不同的是，自律的苦会让人生越来越甜。唯有把自律变成一种习惯，把坚持变成一种态度，人生才会在自我完善的过程中变得更好。

第五章　教师真爱铸学生茁壮成长

只有老师的真爱，才能换来学生的真心！其实，孩子心里像明镜似的，你对他是否真好，他是可以感觉出来的。所以，我一直认为：种下爱就会收获爱。爱会在相爱的人之间发芽开花结果！因此，要想让学生和你交心，老师必须付出真爱！那么，什么样的爱才是真爱呢？真爱是尊重，真爱是微笑，真爱是宽容，真爱是等待，真爱是放下，真爱是善待，真爱是依恋，真爱是欣赏，真爱是倾听，真爱是走进学生心灵。其实我更想说，真爱是流淌在我们心里的对学生的那份善待！在每年的运动会来临之际，我都会面对面地逐一和学生谈话，并送给他们一句贴心的话，比如：某某同学，你最近有点瘦了，需要加营养了。等等。

一、太阳之爱——照亮学生心灵

海伦·凯勒说过："只要朝着阳光，便不会看见阴影。"教育家魏书生说过："教师应具备进入学生心灵的本领，育人先育心。"全国优秀教育工作者李镇西认为：教育是心灵的艺术，教育的每一个环节都应该充满着对人的理解和尊重。我也认为：班级管理的核心，是走进学生的内心，最大限度地激活学生朝向真善美的渴望和力量。"双减"不是不关注学生的成绩，而是把学生的成绩分为希望分、预估分、实际分、能力分、期待分，帮助学生做最好的自己。学生都在按照自己成长的规律在成长，而老师，也在遵循着学生成长的规律做教育。所以，班主任在工作中要渗透心理健康教育，走进学生的内心世界，读懂孩子的内心需求，适时给予赞许和鼓励，帮助孩子树立上进心，做到和善和美，那么你的学生将会带给你意想不到的惊喜。

每一届新生入学后的第一节班会就是理想教育，每人做一张"为梦而搏"的手抄报。"树立远大理想，拥有快乐美好的人生。"这些手抄报分组张贴在教室文化墙上。理想激励着学生，也给新的班集体定下健康发展的基调。学生的每日一语，增强了他们的主人翁意识，提升了他们的自信心。每一个人只要有梦，他的能量就会无限大。

在每一届新生入学后，我都用自己的钱给孩子们买《弟子规》，利用每周一早读时间一起诵读、一起交流，以此规范学生的日常行为；同时，我提前给每个新生准备一个座位牌，让学生第一时间写上自己的名字，一月更新一次写的名字，看哪些学生的字体进步最大，给予加分奖励，一举多得。

我还特别重视学生的身心健康，每至节假日，我会给学生布置一份特殊作业：在下午4点到5点安全锻炼身体一小时，以养心健体增智怡情。

这些活动都帮助我们走进了学生心灵。有些老师会说，好难走进孩子心灵啊！其实，如果真的想走进孩子心灵，也并非难于上青天的事！在好多次的讲座分享中，我常常和老师们交流：心在哪儿，智慧就在哪儿！根据我多年的教育践行，要走进学生心灵，可以从以下几个视角来思考、尝试。

（一）坚定目标

如果我们认为世界是迷人的，那么学生也会有相同的认识，因为信念是会互相影响的。给学生以愿景，让学生有一个奋斗的目标，有了奋斗的目标，我们就会走得不迷茫，行得更坚定，无论是个人目标还是班级目标，都要给学生以愿景。没有一马平川的征途，只有持之以恒的努力。班主任强化既定的发展愿景，并能根据班级实际情况制定出班级的路线图，这才是建班育人之关键。

我们需要帮助学生树立这样的理念：学习是你的主要工作，你是为了探索这个奇妙的世界，从而使你的生活更加多姿多彩而学习；你是为了增长智慧，为了形成你的独特个性、实现你的人生价值，从而使你的人生更有意义而学习；你是为了更充分运用你的特长和才能去帮助他人而学习，更是为了自己今后有更多选择自己喜欢的职业的权利，去做你感兴趣的事而学习。这样，学生内心将会非常饱满，内心有光，有目标，有方向。

心理学家罗森塔尔曾对学生进行"预测未来发展的测验"，他随机抽取10多名学生，然后告诉他们：你们将来会大有发展前途。8个月以后再来调查，结果发现，这十几名学生的成绩明显提高。事实上，这十几名孩子当初和别人并没有什么不同，为什么会出现这么大的变化呢？一是他们在家长的期待中认为自己真的具有超过常人的潜能，要把这些潜能表现出来，自然就会加倍努力。二是老师也认为他们具有的潜能不同一般，对他们也会另眼相看，有意无意地在学习、生活等各方面关注他们。这样，这些学生在自己内在动力和老师的外力作用下，奇迹般成了真正的"佼佼者"，这就是信念的神奇之处。可见为信念而坚持是多么可贵！很多时候，在我们的生活里，有太多自己认为的不可能，或者别人告诉的不可能，于是我们不敢开始，抑或是半途而废。坚持，是一个非常酷的行为。坚持下去，当量的积累达到一定程度的时候，就会有一个质的飞跃，成功就会和我们握手。

作为一名班主任，不能光为自己着想，要有长远的眼光，要顾及班级整体的教育教学工作，经常与任课教师沟通，认真倾听他们的意见，积极配合任课教师的工作，充分调动其他教师管理班级的积极性，才能把班级管理工作抓出成效。通过沟通，班主任和班级任课教师统一了思想，增进了了解，为推动班级管理和学习成绩整体进步打下了坚实的基础。

"双减"赋能之凝聚精气神

"双减"背景下的学生怎样补弱赋能？胶州六中做出了示范。紧跟着学校的步伐，我努力探索着，主要是在为学生赋能之凝聚精气神方面做了一些实践。

一、送温暖，补存在感

在近几年的班主任工作中，我探索出一种沟通方式——说悄悄话。悄悄话朴实、亲切，能唤起学生的心灵共鸣。教师巧妙地运用悄悄话，能起到事半功倍的效果。

1. 鼓励学困生

学困生有自卑心理，又有较强的自尊心。对学困生说悄悄话，他们感受到老师的关爱，学习会更有干劲。

我一般在早读或者自习课时，找准时机，先静静地站在某生身边一会儿，然后身体稍微侧向他，很坚定地说上一两句鼓励性的话。话不在多，关键要精练有力、切中要点。

2. 关心违纪生

对违纪生用悄悄话教育效果会更佳。学生感受到教师对其的尊重，与教师交流时会更有自信，会增强对教师的信任感，促进师生关系和谐发展。

例如，对说脏话的学生，我会悄悄地严肃地对他说："小崔同学，今天有人说了一句不文明的话，不知你的感觉如何？"这个学生先是一怔，然后回过神来，不好意思地说："不舒服。""那你认为该怎么说呢？"此时，他低下头，没有说话。但从他的沉默中，我找到了答案。再如，对课堂打瞌睡的学生，下课后，我会不动声色地请他到办公室，给她送上一杯水，问他哪里不舒服，是否需要回家休息？此生受宠若惊，尴尬地说："不用不用，一会儿就好了。"

3. 拥抱特殊生

古人云："感人心者，莫先乎情。"拥抱能营造出一种鼓励的气氛让学生感受到自己被重视、被关爱。有一年，我新接的班级有一个特殊的女生，平时不能像同学一样表达自己的情感，甚至连自己的名字都不会写，班级的一切活动都不能参加，她只活在自己想象的世界里。了解到此情况，我很心酸。为了使她更好地感受世界的美好，每次班级活动，我都会拉着她的手，有时还会轻轻地去拥抱她，和她一起参与活动。刚开始，她有些茫然，慢慢地也能融入其中了。她感受到自己是很受欢迎的人，性格开朗多了。课间，她有时会主动找我聊天，尽管我听不懂，但我会很认真地听，并和她互动。渐渐地，她成熟了很多。

悄悄话，充满了人文关怀，能缩短师生心理上的距离；悄悄话，是一泓清泉，能滋润学生的心灵。但悄悄话的频率不要太高，太刻意。老师积极的心理暗示，会计学生获得更多积极、专注的能量。

二、树信心，补行动力

教育家魏书生说过：每个人都有自己的生存价值。是啊，每个人的心里都藏着一个了不起的自己。

1. 参与激发热情

每个学生在参与各种活动中，会不断增强自信心。

第一招：人人受到尊重。

第二招：人人是班级决策者。

第三招：人人是值日班长。

第四招：人人参与班会主持。

第五招：人人参加元旦活动。

第六招：人人担任科代表。

第七招：人人参写每日一语。

第八招：人人参加班会演讲。

例如，九年级学生报到的第一天，我班就进行了人人参与的"九年级，我要突破什么"的演讲活动。后进生代表发表心声：我在之前的生活中、学习中都抱有懒散的态度，我必须改变自己。万事开头难，坏习惯一旦改正，一切都会变得好起来，奋斗的本钱是身体。我需要管理好自己的身体，多运动，如打篮球。

中等生代表发表决心：韶光似箭，初中生活即将画上句号，为了让这个句号更加圆满，我决定做两点突破：一是学习态度，态度必须端正起来，一定要对每一天都保持热爱，切忌随着自己的性子来，遇到困难的科目就要想办法攻克，办法总比困难多；二是爱好的突破，新学期我要做一个全面发展的人，学习和主持一定要平衡地抓起来，我相信自己一定行，不要怀疑自己，做最好的自己。

优秀生代表表达期望：九年级开启了新的征程，在中考大战打响之前，我早已定好了目标。想要突破，首先，我要提高课堂学习效率，集中注意力，尽量不漏下任何知识点，这样才能在考试中游刃有余；其次，我要充分利用碎片化时间，利用一切时间，把一些简单的事情在白天就完成，这样晚上能省下更多的时间来完成一些较难做的工作；最后我想将更多的精力放在弱科上，八年级期末考试将自己的弱点暴露了出来，通过分析，我发现自己的基础并不是那么牢固，新学期，我要先打好基础，再有针对性地突破，效果一定会更好。

每个人都可以和自己比，今天的信心是不是比昨天的更强，今天做的事情是不是比昨天的更好。努力一下很容易，一直努力很难得；坚持一下很简单，一直坚持却很难。但人生就是这样，成功等于一直努力加一直坚持。当你想要放弃的时候，再坚持一下，前方就是灿烂的曙光。

2. 欣赏点燃斗志

学生身上蕴藏着无穷无尽的聪明才智，只要我们用心去发现、去欣赏，学生的智慧之火就会迸发四射。班主任作为学生思想的引路人、人生的导师，要合理利用欣赏艺术，巧妙地与其他教育手段相结合，培养学生积极向上的心理，增强学生的信心，让每一个学生都健康成长，让每一个学生都享受成功的喜悦。这是我一直孜孜以求的目标。

平时，我发现学生有进步了，便瞅准时机着力表扬。慢慢地，当学生在老师的欣赏中养成了习惯时，则须减少表扬的次数，而且表扬的间隔时间要长一些。直到学生取得了相当大的进步或成绩时，再对其给予表扬。只有把握好了这样的节奏，才能发挥欣赏的作用。在欣赏学生时，应有意识地教导学生这样做为什么可取，将为学生自己带来什么样的积极作用，让学生真正明白自己因何而受表扬，这样学生在今后的学习生活中才会自觉地把这种好的言行保持下去。我们要让学生做到：不管老师表扬与否，我都会这样做！

语文课上，学生朗读课文，我对学生的评价不只是"读得很有感情"，而是让学生明白有感情在何处，是语速缓急，还是语调有轻有重。在表扬学生作业进步时，我不只是写上"有进步"，而是要指出是书写规范了，还是准确率高了。欣赏要让学生明白哪里做得好，才会进一步促使他们不断强化自己的行为，更清楚自己的努力方向。

欣赏，是教师对学生的最大鼓励，它使学生更加乐观与自信。教师只有欣赏学生，才会发现学生的优点，从而使学生变得越来越聪明；教师只有欣赏学生，才会依靠学生、服务学生，使学生成为课堂的主人；教师只有欣赏学生，才会使课堂成为师生共同发展的舞台，才会使师生对未来充满希望。

"双减"背景下赋能聚气，学生精气神足了，信念坚定了，行动力就更强了。祝愿每位六中学子全面发展、茁壮成长、勇创佳绩。

师徒奋斗卡

我提倡学生的自我管理和同学之间的互为激励，营造和谐的班级氛围。例如，与偶像结对子，列出对方的优点，扬长避短，制定策略，共同成长。我班推出了"师徒合作"措施。

涵冰&天泽

措施：准确找出弱科，保持强科，恶补弱科。

1. 掌握基础内容，定期检查背诵、听写，检查错题积累，适当拓展阅读有助于补习的书。

2. 充分利用上课时间，有空就背，禁止上课走神说话；完成周末作业后自由复习；不定时翻阅笔记。

3. 有疑必问。

4. 认真对待作业，严禁偷懒、糊弄，更不得抄袭。

座右铭：不经一番寒彻骨，哪得梅花扑鼻香。

雨翰&沉红

措施：

1. 先打好各科基础，认真听讲，随手记笔记。

2. 下课后随机提问两个问题，自习课对模糊点进行交流。

3. 英语师父每天整理4个词组，徒弟背过。

4. 考前分享各科答题模板。

5. 周一早分享笔记，周五自习布置小作业。

座右铭：如果你只做你力所能及的事，你将永远不会进步。贵在坚持，成在坚持。

致璇&敬涛

措施：

1. 严格要求自己，课堂认真听讲，认真检查作业，充分利用课堂时间。

2.抓好化学学习，不放松物理，重新打好英语基础，继续奋斗语文。

座右铭：好好学习，人生巅峰。

菁菁&王琦

措施：互相学习，共同进步。端正态度，奋发向上。

座右铭：只要我们敢于梦想，我们就能实现。好好学习，天天向上。

（二）强化正面信息

肯定的话是学生成长的正面信息，持续强化正面信息，负能量就无存在空间。育人要准，这需要老师正向的引导；看人要准，要抓关键人物；看问题要准，基于积极心理学中的积极的组织机构。我们应和学生进行有质量的沟通，多关注学生的心理成长。

正确的做法是与学生站在同一个战壕里，想方设法地打败问题。当学生经历结果而意识到自己当初的选择是不明智的时候，我们不应该是数落的态度："你看你看，我都告诉你了，你偏偏不听，现在知道错了？"而应该是鼓励的态度："没关系，吃一堑长一智！但同样的错误不要犯两次。"当学生书写不认真时，如果我们一味地责备他："你看又不认真了。"这样不会有效果，如果我们以指导的口吻说："孩子，那一笔这样写会更好。"有的孩子怕生，见到生人会不自然，我们不要说："你这么胆小，什么都怕，这怎么行！"改成："勇敢一点，老师相信你可以的。"学生走神时，我们不要说："就这么几分钟就坚持不了？太让我失望了！"改成："再坚持一会儿，你一定行！"经常使用这些积极的鼓励的语言，你会发现学生越来越自信，真的在进步！

运用正面心理暗示提升学生素养

正面暗示的首要目标是要让人们能在生活中体会到更多的欢乐、责任、尊重和爱。初中生有了一定的认知能力，我们可以通过正面暗示提醒，使他们对可能发生的失误有所预见，能起到教育作用。胶州六中就从学生正面的想法和感觉出发采取行动，潜移默化地引导学生走向积极的轨道。

1. 活动感悟

生命是父母赐予自己最好的礼物，弥足珍贵，所以每个人都有义务尊重和珍惜它。胶州六中就生命教育采取了诸多措施：①成立心理安全领导小组，加强领导与管理；②成立由专业心理健康老师和班主任组成的心理安全指导小组；③定期举行心理讲座，做好师生心理疏导；④定期进行心理访谈，及时关注学生思想、学习、生活等方面的情况，及时沟通化解；⑤对确有心理隐患的，要讲究方式方法，尽可能在自然环境下实施干预；⑥对有严重心理障碍者由专门机构评估后处理，学校及时跟进。这是教育的意义，也是教育的本质。涵养生命，自我提升，让学生成为一个丰富的个体，能感知生活和生命的真谛，有令自己满意的生命质量，成为一个比昨天更好的自己，并且有更好的明天。

作为六中的一名班主任，我的教育理念是让每个学生在阳光下茁壮成长。首先，我平时通过多种活动提高学生的心理素质。入学的第一天，我就请每个学生画一幅"我是六中优秀生"手抄报，并珍藏在自己的成长档案里，以激发他们的斗志；每逢节日，我就暗示学生向长辈问候，对其渗透敬老的思想；百年大计，身体第一，每逢双休日、节假日，我就给学生布置一个特殊的作业：请学生尽可能在下午4点到5点安全锻炼身体一个小时左右，以此养心健体增智怡情。其次，我采取多种形式，真正使学生在自我感悟中茁壮成长。一是值日班长，即每个学生依次担任一天的值日班长，负责班级方方面面的工作，并且当晚在班级日志本子上写出自己的体会，第二天早晨在班里宣读。每个学生轮当一次后，我评出10名优秀值日班长并进行表彰奖励。我用自己的钱给每个优秀者买了名牌袖珍装订机。礼小意义大，学生深受鼓舞。此项管理模式不仅使每个学生提高了管理能力，更重要的是提升了他们的自信。二是周反思。周反思就是每人每周有针对性地对自己的亮点和缺点进行全方位反思，并及时制定纠正缺点的有效措施，从而扬长避短，在反思中快速成长，因为适时适度反思能使人进步更快。我利用周一早读时间逐一批阅学生的周反思，对其优点及时鼓励，对其缺点强化解决，同时把学生反思中好的建议在班上宣读，使学生在共振中奋发向上。三是月总结。学生每人每日对本月自己及分管工作的得与失做个全面总结，总结的主题由我定。每个月总结的主题不仅要与此阶段的工作重点相吻合，而且要有启发性。古人云：“心之官则思矣。”学生对外在事物的反应是一个认识、领悟、理解、创新的过程。可见，中国传统哲学中的“悟”在初中德育教育中发挥着十分重要的作用。

2. 榜样影响

榜样影响就是用伟人的事迹或者是身边成功人物的优秀品质对他们进行正面引导，从而起到潜移默化的教育效果。

六中以“雷锋精神”统领学校工作，积极践行“铭德雅行”的校训和“行胜于言”的校风，彰显了人文关怀。六中每月一次评选出“最美六中人”，体现着六中精神。展示在六中一号楼前宣传牌上的每年感动中国的十大人物，犹如明亮的指路灯，指引六中学子努力前行。紧跟学校的步伐，我也积极组织学生认真观看视频，深刻感悟感动中国十大人物的光辉事迹，先要求学生写出观后感，然后全班交流自己感触最深的一点。最后班级团支部将学生的观后感整理设计成班级简报，并把简报张贴在走廊文化栏上。

3. 点石成金

点石成金的核心是与学生交心。在此，我总结出一些技巧，与大家共享：

（1）语言提炼——避免啰唆。

（2）巧用幽默——拉近距离。

（3）适当引用——增强哲理。

（4）多举实例——贴近生活。

（5）表露真情——易于沟通。

教师只有用自己的真心、诚心与爱心去呵护学生，树立师生人格上的平等观，达到教育氛围和谐，才能为德育管理工作奠定良好的基础。

"亲其师而信其道"，在德育教育实践过程中，我们发现有时恰到好处的一个眼神、手势等体态语言往往会起到震慑学生的作用。有时一言不发却起到"此时无声胜有声"的作用。有时言简意赅的一两句话却能达到点石成金之效果。班里有一名品学兼优的女生，对本班的一名体育特长男生产生了爱慕之情。两个人公开在教室走廊暧昧。刚开始，我只是暗示："现在是学习的黄金时光，什么年龄干什么事，不能辜负自己的青春！"但这种谈话方式的效果并不佳。我亲眼看见这名女生从后面抱住男生在亲昵。我当时真有些火，心想必须找一种有效方法，对！表达共情法。于是，体育课后，我有意接近这名女生，问她渴不渴，然后转变角色，亲切地说："小可爱，看得出来，你很欣赏孙冲，因为他体育很棒、很酷，你被他吸引了，一时不能控制自己，对吧？老师也有这个时候。但想想：你成绩受影响怎么办？考不上你理想的高中，你会快乐幸福吗？你现在只有14岁，10年以后你能确定还会喜欢他吗？人都是在变化和成长着的，所以唯一能把握的是当下。"我的这番话可能触动了她。她很感激我。慢慢地，她放下了这份感情，成绩一路提升。

六中通过对社会正面现象的挖掘和提炼，正面施加影响，对学生进行全面的心理健康教育，对于提高学生素养可谓意义重大。

（三）双向沟通之说悄悄话

1. 双向沟通

聆听山东师范大学佘瑞琴教授作题为"初中班主任沟通提升策略"的讲座，我收获最大的是把握了"双向沟通"的内涵。

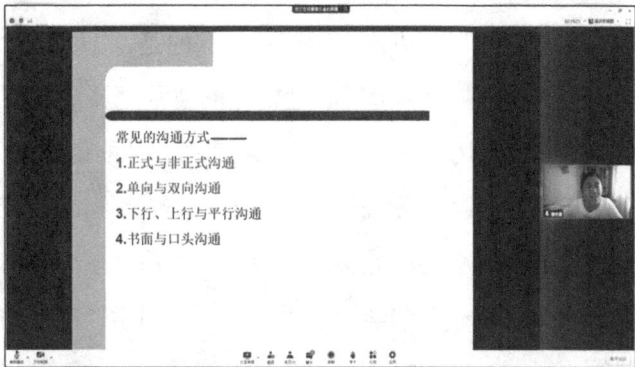

"初中班主任沟通提升策略"讲座

首先，知道沟通漏斗——想表达的信息100%，表达出来的80%，听到的60%，理解的40%，记住的20%，执行的？%。可见"双向沟通"很重要。其次，注意到双向沟通应从对方赞同或关注的观点开始，"你的态度是……"，让学生体验到被尊重。最后，把握住沟通双方好心情效应——好心情可增强信息说服力。在好心情下，人们会戴着"玫瑰色眼镜"看世界，容易更快做出决定；在坏心情下，人们会反复思考，难以被动摇，会被坏情绪所控制。

近年来，我摸索出一种与学生的双向沟通方式——说悄悄话。当然，说悄悄话要选对时间和地点。说鼓励性悄悄话的时间一般是晨读，地点在教室，目的是让学生一天有个好心情；说批评性悄悄话的时间一般是下午课间或者自习课，地点是教室走廊或者办公室，目的是让学生可以回家作适当反思。

例如，对值日有进步的学生，我会说："小可爱，你能把教室打扫得这么整洁，老师真替你高兴。相信你也能把其他事做得更好。""噢，老师您注意到了。""当然，老师的眼睛可亮呢！"就这样，学生在不经意间受到了关注和鼓励，很感动，会情不自禁地做得更好。

　　之后听了山东师范大学附属小学孙丽娜老师作题为"团体辅导在中小学班级管理中的应用"的讲座。我感触最深的是：①关注学生的持续发展，每天记录3件好事；②了解心理辅导的技术之"面质"的运用，如："你觉得读书没有用，怎么那么多人在读书，你能说说吗？"

　　关注全体学生的持续发展，全班同学每天到校就把记录自己每天3件好事的本子交上来，我会逐一欣赏。然后，自习课，学生自己宣读，全班同学欣赏。一个月后，我请学生选出进步大的同学，把他们的优点和照片设计成写真，张贴在走廊里。一个月一换，进行动态管理，一学期下来，整个班级学生的面貌焕然一新。

　　本班有一名学习成绩名列前茅的刘同学，书写却很差，"横"这一笔是左高右低，"竖"这一笔是上偏右下偏左，很不成形，这将会影响他的整体发展。为此，我把他请到办公室，和他说说悄悄话。首先，我让他用自己喜欢的字体，把"我能写好字"5个字写在练字本上。刚开始，他不以为然，他的数学很好，想把书写扣的分用数学分来补。对此，我采用心理辅导技术之"面质"，说道："大多数优秀的学生都在努力提高自己的书写水平，说说你的想法。""要练好字，太难了。"他转移了说话的方向，我及时拉回来："你想不想写一笔好字？""我能行吗？""能行，贵在坚持。""那我试试！""你想怎么试？咱班同学中有没有你的榜样？""有。""好，那么从今天开始练字，不在于练多而在于练精。"然后，我把早已准备好的练字本送给他，给他一个惊喜，也给他一个动力。最后，我和他握了握手，坚定地说："这是我们的约定，也是我们的秘密，先不要告诉家长和同学，每周拿到学校给我欣赏，看看进步多少。"就这样，坚持了一个月，刘同学进步很大，能把字写端正了。但两个月后，他过了新鲜期，渐渐有点反弹。这次，我们由说悄悄话的方式改为写书信。我拿出自己书写的最高水平给他写道："小刘同学，我很佩服你。你敢于挑战自己歪斜的字体，并且有了很大的进步！徐老师相信你能坚持下来，能把字写得漂亮，一定会让大家刮目相看的！"第二天，他回信了："徐老师，谢谢您一直不放弃我。我想到书法班去练。"看到他的回信，我高兴极了，第一时间和家长联系，说了我和孩子的秘密。家长非常高兴，看到了孩子的进步和老师的关爱，非常支持孩子到书法班练字。功夫不负有心人，一个学期，刘同学的书写有了飞跃。九年级时，他参加了学校书法比赛，还获得了二等奖。

研修中长智慧，实践中出真知。我的说悄悄话的沟通方式，得到了家长的充分认可，收获了学生的快速成长。

2. 巧用悄悄话

30多年的班主任工作经历使我认识到，在教育教学过程中，巧妙地运用悄悄话，能起到事半功倍之效。悄悄话朴实、亲切、生动，贴近学生的生活，能唤起学生的心灵共鸣。

调动学生情感时宜用悄悄话。白居易云："感人心者，莫先乎情。"课堂上当学生思想开小差或做小动作时，教师可以走过去用悄悄话提醒他，调动学生的情感，激发其学习的积极性和主动性。学生在宽松和谐的氛围中感受到老师的宽容和真诚，会激发起积极的情感，及时改正不良行为。

批评学生时宜用悄悄话。学生犯了错误，正处在惶恐和愧疚中，教师如果暴风骤雨般大声呵斥、责骂，学生可能会暂时俯首帖耳，但口服心不服，甚至会产生对立情绪，师生僵持不下。这时用悄悄话教育学生可能效果更佳。学生感受到教师对其的尊重，与教师交流时会更有自信，增强对教师的信任感，这样会促进师生关系和谐发展，教师的教育就会"随风潜入夜，润物细无声"。

鼓励学生时宜用悄悄话。当学生对学习或人际交往缺乏信心，继而畏缩不前时，教师要看在眼里、记在心里，寻找适当的时机与之说悄悄话。这类学生有自卑心理，又有较强的自尊心，倘若教师在大庭广众之下大发其威，学生就会惊慌失措，面红耳赤，自尊心会受到极大伤害。

（四）沟通气质型

同犯错误的学生谈话，对不同气质类型的学生需要采用不同的方式。多血质热情乐观，活泼好动，喜爱玩乐；黏液质情绪稳定，亲和力强，容易被人领导；胆汁质精力旺盛，行动迅速，喜欢成为领导者；抑郁质循规蹈矩，注重细节，感情细腻。

针对性管理技术的运用。多血质的人表现为粗心大意，注意力不集中。对于这类人的批评要尖锐一些，因为这类人比较开明，可塑性强，易于接受批评；黏液质的人比较固执，不易被改变，做这类人的思想工作要耐心细致，反复说明，使其逐步改变；胆汁质的人容易冲动，好挑衅，对这类人做思想工作时要讲究方法，不能直来直去，要注重说理，批评要严肃；抑郁质的人的感情脆弱多疑，对于这类人要多鼓励，少批评，多侧面引导，少正面指正。

我带的刚毕业的这个班级团队，学生情况参差不齐，刚进入初中时，他们的习惯也是差别很大。于是我采用阶段性管理心理技术，经过一个月的了解，我在私人工作本上对这届新生的习惯大体作了分类：对那些习惯很差的，我采用量表形式，一步步促进他们改正缺点，改掉一个划掉一个；对那些习惯比较差的，我让他们参与班级量表积分统计，这在无形中对他们自己也是一个管理；对那些很自律的学生，我请他们当我的助手——代理班主任，放权让他们制定班级奖励政策并及时反馈落实情况。

上一届有一名女生，平时很容易伤感。有一次，上课的铃声响了，她仍然趴在桌子上。开始我以为她不舒服，于是上前温和地询问："小惠，你哪儿不舒服，快和老师说一下，看老师能不能帮上你。"她漫不经心地说："没有。"我接着说："能坚持上课吗？"她说："行吧。"可是，我感觉她情绪不高。下课后，我单独和她聊了聊：原来她和同桌闹矛盾了，起因就是同桌没有认可她说的一句玩笑话。我说："你很重视同桌对你的看法，说明你们的关系不错。但是，我们应该尊重别人的想法，人与人的想法不可能完全相同，你说对吧？"她认真地点了点头。据我观察和了解，这名女生属于抑郁质的学生，多愁善感。所以，我和她谈心时特别谨慎，注重侧面引导。

人生只有现场直播，我们要尽自己所能，最大限度地去享受教育学生的每一瞬间的快乐，和学生一起做内心的强者、做最好的自己。

严与爱的交响曲

在班级管理中，我总是在严和爱上下功夫，把学生放在心上，努力培养他们良好的习惯、荣誉感、责任感，使每个学生茁壮成长，使班级有内在的凝聚力和亲和力，使集体和个人能健康、向上、和谐发展。

初中生毕竟还未成年，来校学习接受教育，再优秀的学生也不可能没有缺点、不犯错误。因此，我对他们的要求一直是严格的，但严格不是严厉。"严"并非苛刻、死板、固执己见，而是要从学生的根本利益出发，对学生的不良思想和行为倾向进行正确、严格的教育和引导。现在个别学生面对多彩的大千世界，也赶起了时髦。去年春天转入我班的一名男生，来时染着黄发，穿着牛仔衣，很扎眼，在我们班是独一无二的，但他自我感觉不错。在我做了暗示后，他仍无动于衷。于是我们就来了个促膝细谈，从个人的成长谈到穿着，从中学生谈到大学生、社会青年。我告诉他什么年龄干什么事、穿什么衣服、学什么本领，是符合个人成长规律的。但他仍说染发潇洒。为此，我把全班同学对合格中学生的评价标准说给他听，并在班中为他选了一个偶像，终于他松口了，说："老师，先让我保留一下午，晚上我一定染黑。"我说行。第二天，果然，他以一个全新的面貌站在我面前：短黑发，原校的校服上衣。与此同时，家长来了一个电话说："老师，真佩服您！我们说了那么多次都不起作用，去了您那儿一天，您就改变了孩子，真的很感谢您！"

慈母就是对学生的生活和学习给予关心和鼓励。例如，我办公室就一直备有感冒药等常用药及一次性杯子，哪个学生在校有个头疼脑热的，我会第一时间提供，还有女孩子的特殊问题我都时时关注着。我很关心学生的早餐，因为这直接关系到学生的身体素质及上午的学习质量。现在不少家庭不习惯吃早餐，这严重影响了孩子的成长。一则孩子正处于发育期，需要很多营养；二则孩子学习强度很大，需要足够的能量。例如，我班有一名女生长得矮小瘦弱，而父母却很高，从遗传的角度来讲孩子应该比较高；究其原因就是孩子几乎不吃早餐，对午餐也很挑剔，只吃一两种青菜。在了解了情况之后，我就与她的母亲一起研究策略。首先，我在班里专门开了一个有关学生不吃早餐或马虎吃早餐的危害的主题班会，让学生谈一下自己的看法与做法，同时在班里选出能认真吃好早餐的十大人物。其次，我就身边的例子和自身的体会强调吃好早餐的重要性，并向学生提出要求：力争每天早晨吃一个鸡蛋、喝一些奶等。一个月后根据家长的反馈，我表扬了一些吃早餐有进步的学生。对极个别吃饭表现不太好的同学，我就找其交流，直至达成共识为止。最后，我请家长动动脑筋，给孩子合理搭配一下饭食。例如，吃鸡蛋时，最好备有小咸菜；对不喜欢吃青菜而喜欢吃包子的学生，最好挤时间做青菜肉馅的包子。一个学期下来，整个班不吃早餐的现象就没有了，学生的精神面貌也大有改观，因为吃好早餐，不仅能使学生身体健康，更重要的是学生有更充沛的精力迎接一天的学习。这就大大地提高了学生的学习效率。每每做了好饭，我便会很自然地想到自己的亲人，因为亲人是心上的人。但自从我当了班主任后，才真正体会到：原来学生也可以成为心上的人。我曾给在云溪村租房住的两名女生送过饺子、合饼，所有这些都是我良心使然。只有这样，我才能真正踏实、舒心，牵挂少一些。

我总是以一颗宽容的爱心对待每一个学生，把学生当孩子，对违规学生的处理讲究方式方法，以理服人，以情感人。面对学生的错误行为，我由一味地"堵"改为诚挚地"导"。放下老师的架子，和学生进行心平气和的对话，允许他们畅所欲言，使他们体会到我是尊重他们、爱护他们的。

但是，对学生的爱，是指关心学生的思想、学习、生活和身体状况等，而不是无纪律、无原则的溺爱和纵容。自从踏上讲台，我就十分信奉这样一句话："宁可让学生在不懂事的时候责怪我，而不要让学生在懂事之后责怪我。"这就是在"严"的前提下的真正的爱。例如，在违纪学生中有班干部在内的时候，我不敢含糊处理。假如因为有班干部在列就轻描淡写地处理，姑且不说班级学生有意见，今后的工作不好开展，这个班干部也会认为犯了错误就可以享受特权，连老师也要给他们几分面子，而不思改过、骄傲自大，可以说这对他们今后是相当不利的。这不是爱，而是宠，是害！

学生毕竟还不够成熟，虽然你是爱他们的，但板着脸去教育，学生难以感受到爱，从而不敢接近你、信任你。所以我在实际的教育过程中，经常把自己当作他们的母亲，用母爱的形式去教育他们。比如，在和学生谈话结束时，我会摸摸他的头或拍拍他的肩膀，再说句鼓励的话，足以让学生心花怒放，增强自信心和上进心。

所以，我对学生的教育，既严中有爱，又爱中有度，"严"和"爱"将是我班主任工作的交响曲。

她适应初中生活了

初中生面临着生理、心理上的急剧变化，加上紧张的学习和陌生的环境，很容易产生心理上的不适应。面对一天天步入青春期的孩子，家长有时也很迷惘，甚至手足无措。为此，初中教师需要运用更多的技巧，用更多心理学的知识去引导学生走出困境。

开学一个月，本班有一个女生对新学期、新学校习惯性地觉得惶恐，不适应初中紧张的生活，心理影响生理，出现了早晨呕吐的情况。发现此情况后，我悄悄地把她叫到办公室，和她聊起家常：从她的爸爸妈妈谈到她的人生理想。她作为班里的语文科代表，我经常请她自主布置语文作业，请她参加"名著交流大会"等多种活动，让她感受到初中生活的丰富多彩，使她内心更加充盈，以此增强她的自信心。同时，我和她的家长达成共识：由爸爸每天送她上学，妈妈多指导她学习。平常，我和她交流的重点是给她缓解压力，放松心情。这样，她渐渐融入了班级，慢慢适应了初中的正常学习生活。

他和老师成了好朋友

从事班主任工作的教师或多或少都会遭到学生的抵触，此时，我们如果不寻找积极有效的解决办法，一味地责怪斥责，师生间的紧张关系就有可能愈演愈烈，甚至水火不容。即使有的老师想走近学生，学生也很可能并不买账。由此，我们需要因材施教。

本班有一名男生特别偏激，尤其是对女教师具有抵触情绪，在女教师面前特别放肆，但在男教师面前却比较乖巧。上女教师的课，他就随便说话，他不回答问题还肆无忌惮地顶撞老师："凭什么叫我回答问题？"我虽然是班主任，但因为是女教师，所以，我说的话他也不放在心里："徐老师给我指出错误，改不改是我的自由。"和家长交流起来孩子的情况，男家长说："不要和他讲理，揍就行。"女家长说："不用管他，让他自由成长吧。"这一番交流，我慢慢琢磨出孩子性格特别的原因了：父母双方教育简单，且反差大。针对这种情况，我动了一番脑筋。我们在做这样的学生工作时，就要把握好技巧，认真分析学生抵触情绪产生的原因，区分抵触情绪的性质，厘清化解抵触情绪的思路，对症下药，从而有效地疏导和化解学生的抵触情绪。对这名男生，我采取的是强化爱好法。首先，我了解到他喜欢体育，便以此为突破点，要求学生认真上好每一节体育课。我也参与其中的一些体育项目，从而与其产生共鸣，以此拉近与他的距离。其次，我组织很多的家校活动，主动邀请他的家长参加，以此提高和强化家长的思想境界和育子方法，从而形成统一战线。最后，家长渐渐成为班级学生家长中的骨干，这名男生也和我成了好朋友。

教育是一门艺术，是一种智慧，更是一份关爱。初中教师面对的是一群个性千差万别、可塑性很强的孩子，面对的是一群处于青春发育阶段的情感易冲动的学生，要以亦师亦友的方式走进学生的心灵，点亮学生的心灯，使学生努力向阳成长。

二、妈妈之爱——关注学生生活

作家雨果说过："慈母的胳膊是慈爱构成的，孩子睡在里面怎能不甜？"

（一）关爱和欣赏每一名学生

我对每一个学生都百分之百地投入，千方百计地把他们培育成才。我力求打造与众不同的班级文化、举办别出心裁的家长会、开展独具特色的家访、采用激励全员进步的奖励方式。建立班级飞信群，分享孩子们的成长；建立班级微信群，共享教育智慧。可以说，为学生服务是老师的天职和良知。现在是学生学习的黄金时段，如果学生的能力不被激发出来，我会很遗憾。我想用自己的高效工作来换取学生的高效学习。我时常叮嘱自己：我多一分付出，学生就会多一分收获，有大付出就有大收获。记得学生报到的那一天，我和每一名学生握手，这握手代表着我对学生的尊重和希望。在学生介绍自己理想的同时，我准备好照相机和录像机，请一位家长给每一个学生照相，再请一位家长给我们全程录像，然后在家长会上逐一播放，一则激发学生对自己和班级的热爱之情，二则增强家长们对孩子的教育信心，认识到每一个生命都是有价值的。

我深深体会到：我们应该尊重每一个学生，让每一朵花都开放；关注全体学生，注重个性差异。

我们要认真研究现代学生的特点，在思想上真正尊重学生的独特性，在实践中发展和完善学生个性，让学生在个性发展的基础上掌握知识、发展能力、提高素养。学生的独特性和教育的统一性应该是相互协调，不可偏废的。对学生的评价是对学生所学的一种反馈，也可以对学生起到一种激励导向的作用，促使学生看到自己的优点和不足，并找到原因，调动积极主动性，激发学习的热情。因此，我们应当建立一种合理的评价机制，合理地评价学生，不能片面地强调成功和不足，也不能对所有学生用同一个尺子衡量，要合理界定。

细节铸就未来

美国著名心理学家威廉·詹姆斯曾说过："播下一个习惯，收获一种性格；播下一种性格，收获一种命运。"而我要说：播下一个细节，收获一种命运。正是基于此，在女儿这15年的成长历程中，我颇费了一些心思。

一、注重培养孩子尊老爱幼的品质

我认为要让孩子做到这一点，重要的是身教。因为我丈夫是家里唯一的男孩儿，所以公公、婆婆特别偏爱他，爱屋及乌，我的地位也随之提升。但我并未因此而降低对自己的要求，反而觉得作为这个家庭中唯一的媳妇，更应很好地撑起这片天。所以无论是重阳节、父亲节、母亲节，就是赶不回老家，我也一定要给两位老人打个电话问候一声，尤其是两位老人的生日，即使是大姑姐小姑妹忘了，我和我爱人也一定要给老人热热闹闹地庆祝。所有这些，孩子都看在眼里、记在心里、落实在行动上，如果平时家里有什么好吃的，女儿总能想着给爷爷奶奶留一份。记得她在六中获得第一份奖学金时，她首先想到的是给爷爷奶奶买东西：有爷爷喜欢吃的姜糖、冰糖，有奶奶愿意吃的柿饼等。礼物虽小，爷爷奶奶可乐开了怀！

女儿不仅尊老，更爱幼。周围的孩子，无论是亲戚、朋友，还是邻居的孩子，她都能玩在一块儿，尤其是比她小的孩子最愿意和她一起玩，原因是她很能谦让，从不和他们打闹。记得邻居家的一个小弟弟看到我女儿在北京旅游时买的长城模型，表示很喜欢，女儿就毫不犹豫地送给了他。这种品质不是一天培养起来的，而是整个大家庭潜移默化影响的结果。

二、加强孩子自信心的教育

一个人只有充满自信，正确把握自己的能力，才能努力追求目标，进而形成良好的行为习惯。如果信心不足，会直接影响孩子积极、主动、刻苦等良好学习习惯的形成。记得有一次英语考试，女儿的英语听力成绩非常差。总结原因：听力考试时，她有点听不太明白。究其根源：她英语听力一直不太好，由此挫伤了自信心，导致一考听力，她就紧张，听得不专心，当然影响听的效果。为了解决这个问题，我就每天训练孩子的听力，让孩子一边吃饭，一边听英语磁带。渐渐地，孩子的语感增强了，听英语也就轻松了。有了自信心，学习劲头也就更足了，成绩自然也就上去了。

三、培养孩子刻苦努力的学习品质

"勤能补拙"道出了勤奋学习的重要性。勤奋是主动学习、坚持学习、顽强学习。孩子形成勤奋的性格特征，主动而刻苦的学习习惯便会自然形成。女儿刚上学时，我就教育她：上学，好比登山。现在，你刚刚在山脚下迈步，前面有险峰荆棘，你必须扎扎实实地走好每一步。学习同样是这个道理。今天不付出艰苦的努力，不经过百折不挠的奋斗，明天就不会收获一个光辉而灿烂的人生。从此，我还让她写下了"少壮不努力，老大徒伤悲"的字条贴在学习桌上，以此激励她刻苦学习、奋发向上。

孩子未来的路还很长，随着她知识的不断积累，我也将不断更新知识，提高自身素养并携孩子走好人生的每一步。

（二）特别的爱给特殊的学生

我用女人的细心、母亲的真爱为学生搭建起一个个成长的平台，尤其是对那些"特殊生"，我倾注了更多的爱，使他们健康和谐地发展。

1. 贫困生

对于家庭困难的学生，我给予了特别的关注。现在的孩子，攀比心比较重，部分比较贫困的学生就有些自卑。针对这种现象，我因势利导，首先利用自习课举行了"人穷志不穷""知识是最大的财富"等主题班会；其次是与贫困生谈心，消除其心理障碍，并尽自己的微薄之力给他们买一些学习用品等；再次，向学校申请贫困生资助资格，以争得学校的大力帮助。今年，我班就有4名贫困生免去了课本费。1999级有一名女生，很懂事，学习很刻苦，但我总感觉她有心事，于是通过家访了解到她的家庭状况：爸爸单位经济效益不好，月工资不到500元且不能及时发放，妈妈没工作，73岁的老奶奶长期瘫痪在床，还有不满5岁的小妹妹，家庭生活十分拮据，这严重影响了此生的学习情绪。我多次找她谈话，并捐衣送款送日常学习用品，同时把情况写成材料上报给学校。不负众望，这名女生在中考中以优异的成绩考取了实验中学，现在也成了一名优秀的人民教师。

2. 租房生

随着我校教育水平的飞速提高，不少农村学生向我校涌来。有部分学生家离校较远，为了能在我校就读，家长就租房子给她们住，如我班的孙雯、庄晓等同学就在云溪新村租了一间平房。几个女孩子租房住，父母又不在身边，我很不放心。为此，我逐一察看了她们的居住环境并嘱咐她们：晚上一定关好门窗，不能单独外出；要买卫生水准高的热饭吃；缺钱了就找老师，等等。有时我家改善伙食，我就请她们一起分享，如饺子、合饼等。元旦艺术节看演出，我给她们买了一些水果，让她们充分感受到班级这个大家庭的温暖。

3. 孤僻生

帮助弱势群体，把特别的爱给特别的学生。我知道，不管在哪里，学生间都是有差异的，作为教师，就是要通过教育缩小学生差异，让每个孩子都得到和谐的发展，尤其是对于特殊家庭或患有轻度残疾的学生。例如，我所带的班级中，有一个孩子非常爱学习，虽然家离学校远一点，但她从不迟到旷课，各方面表现相当出色。我发现她有着这个年龄的孩子所没有的忧郁。是什么让孩子如此忧郁与孤单？经过了解，我知道了她的父亲因为嫌弃她是个女儿而离开了家，母亲承受不了这个打击，变得精神失常，长期住在精神病医院。这个学生只好跟81岁的外婆相依为命，缺少家庭温暖的她强烈地渴望着像其他孩子一样得到爱的呵护。了解情况后，我经常对她嘘寒问暖，常用自己微薄的工资为她添衣服买文具，在她生日那天，组织全班同学动手制作礼物，为她送去生日祝福。有一次，这个孩子的外婆住院了，我不顾工作的辛苦和家务的繁重，与班干部主动挑起了护理孩子外婆的工作。在爱的抚慰下，这个孩子感受到了班主任不是母亲胜似母亲的亲情，她在温暖的集体中，在老师爱的呵护下，变得开朗起来了，学习的劲头更足了，成了一名品学兼优的"三好学生"。

4. 学困生

学困生的情况相当复杂，教师只有摸清情况、分析原因、了解征结，才能做到有的放矢、对症下药。小刘同学有懒惰的毛病，做事拖拖拉拉，早晨不愿起床，明知有许多事要做，总想着到学校再做，到校又想着中午再做，中午不愿做又拖到下午，不知不觉就到放学时间了，只好留校做。解决的方法：制订计划，先干自己爱拖拉的事情，要有恒心。合理地设定奖罚制度，完成一个小目标，就奖励自己一个小礼物；没有达到预期时，就适当惩罚自己，警惕下次，不再偷懒。家长帮其强化一周，循序渐进，有进步就表扬。坚持一学期就能改掉懒散的习惯。

"一锹挖不出一口井，一口吃不出个胖子"，雕刻一座石像尚需很长时间，更何况塑造人的灵魂呢？

对学困生，我还有另一个教育方法，那就是用赏识法来对待学生。杨涛同学是本班最调皮捣蛋的一个学生，小错大错经常犯，上午欺负小同学，下午迟到半节课。通过家访我了解到该生小时候过于受宠，养成了任性、散漫的性格，快二年级了还要爷爷奶奶喂饭，甚至上厕所也要老人帮忙，在家可是个"王"。别看他平时是条"龙"，在学习上却像条"虫"，他知道自己学习不好，每每上课，发现别人举手抢答，他就一阵阵脸红，颤巍巍地举起手又放下去了，害怕自己的回答引起哄堂大笑；每次测试时，他的头低得最低。我曾设法让他建立自信，可是一个又一个"红灯"使他望而生畏，特别是碰到背诵、写作、解答应用题等作业，他就感到困难重重。其学习总排在末位，对自己没信心。为了帮助杨涛这一类学生树立自信心，我在每周的晨会设计了一个"我来夸夸他"的活动，让学生夸夸班上有进步的同学，鼓励学生多发现问题学生的长处。在同学们的夸奖中，杨涛看到了自己的长处和进步，感受到了老师、同学们对他的关爱，树立了自信心，逐步改变了自己，成绩很快赶了上来。

真爱是打开心门的金钥匙，能使这些特殊生向着阳光奔跑。只有动真感情，才能流真眼泪，那是内心的善良因子。爱自己的孩子是小爱，爱特殊生是大爱。

育人故事：

他终于跨过了那道坎

2019年的元旦，原本快乐的假日却异常寒冷。

"老师，老师……，我爸爸出事了！"电话里传来一阵颤抖的声音。是学生小睿的电话，我立即放下手里的事情，搭了车就往他家赶。其实我步行到他家也只需要10多分钟，但因为担心小睿有事，我搭了快车，3分钟就到了他家楼下，看到120救护人员正在抢救，小睿瘫坐在地上木然地看着。

小睿是我班的一名男生，他爸爸是一名医生，本想元旦休息陪小睿一起去滑冰。但他们匆忙出门忘了带家里钥匙，小睿妈妈又在外地出差。为了取家里的钥匙，小睿爸爸做出一个鲁莽的决定：从四楼邻居家的窗户出去，到三楼自家窗户进去拿钥匙。但很不幸，小睿爸爸一脚没踩稳，从三楼坠落到地面上的水泥墩子上，当场死亡。

这真是晴天霹雳呀，惊恐不已的邻居连忙拨打了120。小睿呢，目睹了父亲坠楼的一幕，他惊了，蒙了，崩溃了。他在回过神来时，第一时间给我打了电话，告诉我他爸爸出事了。在现场，我全程握着他的手，告诉他"别怕，有老师在"，然后陪着他到医院。此时，一切安慰的话都是苍白的，只有陪伴才最有力量。小睿很信任我，在他最伤心的时候能想到我，我也很欣慰能够及时帮助到他。

可是小睿爸爸还是永远走了。小睿承受不了这个打击，住院了。当我强带着微笑，走进他的病房时，他一下子从病床上坐起来，紧握我的手，眼泪夺眶而出，他不怎么说话，只是心情很沉重地望着我。我知道，这个时候老师就是他的精神支柱。为了转移他的注意力，我给他剥了一根香蕉，一只手轻轻拍着他的肩膀说："小睿，人生没有一帆风顺的，遇到事，我们只有勇敢面对。一切都会好起来的，我们都等着你回去上课呢！"就这样，我每天晚上都去看他、陪伴他。周末，我又组织几个班干部和小睿要好的同学，拿着水果和同学们亲手制作的卡片去看望他。这次，他没有流泪，但脸上的表情还是很凝重。同去的男同学围着他，纷纷向他讲述最近班级的趣事，来缓解他压抑的情绪。

一个星期后，小睿出院了，返校了。但是，我暗暗观察到：第一节课，他总是走神；课间，也是在座位上发呆，有时会突然用手捶打桌子。周边的同学都有点儿害怕。见此情景，我悄悄地把他叫到我的办公室，给他送上温水，询问今早他吃的什么饭。他说："没有胃口，没吃。"我说："这里有饼干，你先吃点吧。"应该是照顾我的面子，他吃了一点。接着，我关切地对他说："身体是革命的本钱，只有好好吃饭，才能提供身体所需要的能量；只有好好吃饭，才能有更充沛的精力学习。"上午放学后，我从学校附近的饺子店买了一份饺子，放到他的书包里。他不好意思地说："老师比妈妈还关心我呢！"

小睿返校后的第一周，我细心观察，适时和他交心，不定时家访。周末，我拿着一本余秋雨的《文化苦旅》来到小睿家，了解了一下他最近在家里的状况。小睿妈妈见到我，立即说："徐老师来得正是时候，小睿又暴躁起来了。"我急忙走进小睿的卧室，只见小睿正在用头撞墙，眼镜也掉落在地上。看到这一幕，我的心揪了起来。我拉着他的手，心疼极了，并温和地说："每个生命来之不易，我们活着的人一定要珍爱自己。现在的生活这么美好，我们得好好享受，把自己需要做的事做好，就是对所有人的报答。凭着你的基本功以及自己的拼劲儿，定能创造奇迹。"慢慢地，他的脸舒展开了。

第二周，为了稳定他的情绪，我又用写信的方式来表达我对他的关爱和期望。在信中，我运用心理学上的共情和正面肯定的原理来交流："勇敢的小睿，我很能理解你最近的心情，但我们活着的人，只有尽快投入自己分内的事，才是对死者最好的告慰，小睿，对吧！在大家心目中，你一直是个坚强的男子汉。相信你能战胜悲伤，努力面向未来，用奋斗实现自己的人生梦想。"

转眼到了2020年春季，因为疫情，我们在线上授课。我以会议视频的方式督学。我建议每个学生都打开摄像头，露出学习桌上的书本及自己的整张脸，因为这样的学习效果更佳。有一天，我发现小睿上课时没有打开摄像头。当天晚饭后，牵挂他的我"武装"好自己，拿着自己做的合饼去看望他。走近他家门口时，我看见他独自坐在楼梯的台阶上伤心。原来他妈妈没在家，小睿有点郁闷，我陪着他在小区散步聊天，聊他上网课的感受，聊他学习语文的困惑，等等。不知不觉中，我们聊了将近一个小时，直到他妈妈来电话说已经回家。此时，小睿的心情好多了，我才放心地回家。

功夫不负有心人，在我全方位的关爱下，小睿终于跨过了人生中最悲痛、最艰难的一道坎；2020年夏季，他以优异的成绩考入了理想的高中。

教育的真谛是培根、铸魂、启智、润心。我用爱心和智慧浇灌学生，把阳光之爱、妈妈之爱、导师之爱播撒给每一个学生，点亮他们的心灵之灯，开启他们的智慧之门。

爱的教育魅力

于漪老师说："教育是爱的事业。"一群身无分文的知识分子，气宇轩昂地屹立在天地之间，悲天悯人，造福苍生，令人感动。他们身上的志气、意气和豪气，就是教育的魅力。读完《做最好的班主任》，我切身体会到了李镇西老师在教育工作中散发的爱的教育魅力。班主任作为学生的教育者、引路人，要充满爱和智慧，往往班主任说出的几句话，或者做出的几个简单的动作，在学生心中可能都会产生七级地震的震撼力，让其一生受用，终生难忘。

暑假的一天，我到大沽河游玩，偶遇我教过的调皮学生记得孙元前。孙元前刚升初二那年，以他为首的几个男学生简直要捅破了天，班级的学生都跟着疯，以前的班主任坚决不带这个班，恰好我送完毕业班，领导找我谈话，让我接手这个班级，否则家长们会集体向学校讨个说法。为了学校的利益，也带着一股不服输的干劲，我接手了这个班。接手以后，我先动之以情、晓之以理，用伟大的母爱关心每一个学生的生活学习，了解他们的内心所需，再用全班通过的班规规范他们。居然将近半年的时间，班级里外都安然无恙，学生学习劲头十足，班级由以前的倒数第一，一跃成为全年级正数第一，班级的凝聚力很强，只要有违纪情况出现，不用我说，班干部和其他学生就提前解决好了，并且安慰我让我放心，无须我操心，我对我的战果暗自窃喜。

丰收的一个学期结束了，很快迎来了第二学期。开学第二周，天气很冷，除了打饭，学生都窝在教室里不出门。晚饭时间，我照例来到教室查看学生的吃饭情况，督促那些懒得到食堂打饭的学生吃饭，毕竟初二正是学生长身体的年龄。教室里零零散散的有几个学生边吃边说，看到我走进教室，纷纷凑到我身边叽叽喳喳。正说到热闹处，一个男生慌慌张张地跑进教室，边跑边嚷："老师，不好了，打起来了……孙元前和初一的学生打起来了……打得挺厉害……让初一的班主任给扣起来了……老师你快去看看吧！"我一听撒腿就跑，跑到初一教师办公室，孙元前正狠狠地瞪着初一的班主任老师，一脸的不服气和委屈。我一看这架势，赶紧上前给初一的班主任老师道歉，并保证会处理好此事。孙元前还是一脸不服气地要解释，我用眼神制止了他，领他来到我的办公室。

一进办公室，孙元前就气呼呼地大声说："老师，是他们不对，初一的班主任包庇他的学生。"孙元前一股脑儿地把事情的缘由告诉了我，原来是初一的几个男生在食堂打饭时插队，把我们班的3个女生挤了出去，三个女生跟他们理论，被他们出言威胁，正好被孙元前撞见，孙元前替我们班的女生讲理，却被这几个男生一把推出老远，这下惹怒了孙元前，所以就打起来了。这时几个女生和几个男生也到了办公室，他们纷纷替孙元前求情。学校规定，班级中出现打架事件，家长务必到学校把学生领回家反思。孙元前虽然是打抱不平，但毕竟违反了学校的规章制度，为了公平起见，只能回家反思。我让其他学生回到教室，承诺我一定会处理好此事。

我先表扬孙元前为他人着想的精神是正确的，但动手打架是最大的错误。我让孙元前反思自己的对与错，认清自己错误的行为并要为自己的错误行为承担后果。我刚要给家长打电话，只见孙元前眼里含着泪珠吞吞吐吐地对我说："老师，你像妈妈一样。"我一愣，盯着孙元前等待他的下文，孙元前的眼泪唰地流了下来，"老师，能不告诉我爸爸吗？"我继续等待他的下文。"我爸爸他好久不喝酒了，他说我进步了，不犯错就不打我了。""你爸爸经常打你？"我惊愕地问。"以前我经常惹乱子，只要有人找上门，爸爸也不问，拿起皮带就抽我，还经常喝得醉醺醺的，我怕他再打我。"孙元前抽抽噎噎地说。我一下子呆愣了，很自责自己不了解学生的家庭情况。于是，我沉思了一会儿说："今晚我送你回家，你爸爸要是敢揍你，看我怎么训他！"孙元前一听，不知所措，站在原地不动。"趁着天亮我们赶紧走吧，再不走天就黑了，还有20里路呢，快去推自行车，咱们在大门口见。"我拎起包，走下教学楼，去自行车棚推自行车。

春寒料峭，傍晚仍寒风凛冽，我把羽绒服紧紧地裹在身上，费力地向前蹬着。一路上，孙元前一句话也没说，只是用担心的眼神看着我。遇到汽车驶来，他赶紧把我护到马路右侧，一个小小的动作令我感动。这孩子真是外冷内热，只要好好调教，一定是块好材料，我边走边想。"老师，到了，走过这条大街，往南拐第一家就是我家。"孙元前胆怯地说。"没事，有老师在，不用害怕，知错就改，善莫大焉。以后不再犯就是了。"我安慰他说。到了家门口，孙元前的妈妈很吃惊地迎出来。"妈妈，这是我们班主任。""怎么，又打架了，被老师送回来了，你什么时候能消停点，别给我惹乱子，你爸爸快下班回来了，不挨揍难受是不是？"孙元前妈妈边指着孙元前的鼻子骂，边流着眼泪说："老师，让您费心了，这孩子哪天不给你惹个乱子，他就难受。他爸爸脾气不好，上班工作又累，只要听到孩子惹乱子就烦，抄起东西就打，有一次我回家看见他爸爸把这孩子吊起来用皮带抽，心疼得我一下子扑上去，和他爸爸打起来……"听到这里，我更加心疼这孩子了，也明白了孙元前的性格为什么这么偏激。"老师，他爸爸快下班了，能不能别告诉他爸爸，我替孩子保证，以后再也不犯错了，孙元前，你快说话呀！"孩子妈妈急切地说。"孙元前妈妈，你别担心，这样也不是个办法，他爸爸是不是最关心他的学习？""对对对，他最听老师的，上次开家长会对您可敬佩了，天天回家说遇到了好老师。""那就行了，有我呢，我要让他爸爸明白棍棒不是万能的。"

正说着，院子里响起了一个声音："是不是狗小子又惹乱子了，被老师开回家了，哪天不挨揍皮痒痒。"孙元前爸爸骂骂咧咧地走进屋里，猛一抬头看见我，就说："老师，您……您怎么来了，这小子给您惹乱子了？看我怎么揍他！"孙元前爸爸转身要朝孙元前甩巴掌。我一把拉住了他爸爸，说："你是不是认为打最有效，要不我帮你打？""老师，这孩子就得揍，不打不成才。""孙元前爸爸，你相信我吗？""老师，我最佩服您了，自从您教他后，这孩子进步可大了，我脸上也有光，在单位也能抬起头来了。我也舍不得打他，每次打完我也心疼。可我也没什么文化，也不会教育孩子，只能打了。"孙元前爸爸无奈又迷茫地说。我根据孙元前的表现及潜力，结合教育方法和教育理念，同孙元前的爸爸进行了交流，不知不觉，晚上8点半了。"老师，以后我听您的，不再随便动手打孩子了，也不发酒疯了，我改，让孙元前监督。"孙元前的爸爸说。我转头看孙元前，只见他眼睛亮亮的，宛如天上的星星。我说："你和你爸爸比赛，比一比看谁说到做到，做得最棒！"孙元前重重地点着头，"老师，请您相信我，我会给您争气的。""好了，你们快做饭吃饭吧，我该回家了。""老师，这么黑了，我送你。"由不得我推辞，孙元前抢先推出自行车在前面引路，走到村外的马路上，我停了下来，不让他送了，可孙元前坚持要送过前面的铁路桥洞，"老师，桥洞里面黑，我送您过去，我天天下晚自习回家，太熟悉了，天天走没事。"说完，跨上自行车抢先走了，说心里话，我真的害怕走桥洞，因为里面太黑了。我跟在他的后面，一直走过桥洞，我再次停下，坚持让孙元前回家，孙元前只好折回去。可我又不放心该孩子自己过桥洞，便跟在他后边，一出桥洞，马路上亮了些，孙元前马上发现了我，坚决要把我送回去。就这样，我们又回到了原来的地方。"好了，咱俩谁也别送了，这样送来送去，不用睡觉了。你现在往回走，我也往前走。你先走，听老师的话。"孙元前只好骑上自行车回家去了。看着他的背影，我能感受到他抽噎的表情。我知道这孩子变了，长大了……

"老师，我没给您丢脸。"孙元前的一句话把我拉回了现实。"高中的情况您都知道，我一直不敢懈怠，大学毕业后，我在开发区工业园创业，始终不敢忘记您的教导，现在小有成就。"看着孙元前充满自信的眼神，我知道我也成功了。

李镇西老师说："教师真正的尊严，从某种意义上讲，并不是我们个人的感受，而是学生对我们的道德肯定、知识折服和感情依恋。"只有爱，才能激起学生心中那些美好的情感，才能为国家、社会创造更多温暖与和谐。教育就是"教"和"育"的结合体，"师者，所以传道受业解惑也"，教会学生做人是根本，以爱和智慧为佐料，使其亲其师信其道，焉有不成才之理？

三、导师之爱——灌溉学生成才

只有爱才是老师最美丽的语言，它远远超过责任感。——爱因斯坦

老师、家长心里有光亮，学生人生就会有光芒。一个阳光、快乐的学生有能力面对生活中的各种困难，也能在社会中找到自己的位置。

一路吟唱的芬芳者

老师像船夫，用青春和汗水在岁月里穿梭，把学生一一摆渡到理想的彼岸；老师像蚯蚓，在教书育人的田地里默默耕耘，上下求索；老师像杜鹃，哪怕声音嘶哑，也要永远为学生鸣唱，无怨无悔。30多年来，我与同人携手共进，与学生倾心相知，一直吟唱着对教育事业的独特理解和深沉热爱，收获着履历表上一串串幸福的印记。

用心教，做学生的良师

兴趣是最好的老师，热爱是最大的动力，这个规律对于教和学双方来说是不二法门。教育要跟着时代走。为了让学生喜欢自己的课，我积极探索新的教学模式——自主探究，愉悦课堂。我认为此模式主要就是营造轻松愉悦的课堂学习气氛。

轻松愉悦的课堂学习气氛，对激发和保持学生的学习兴趣有着极大的正面影响，教师有责任为学生创造轻松的学习环境，营造愉悦的学习气氛。因此，教师要勤修师德，苦练基本功，创设一种开放的、和谐的、积极互动的语言活动氛围，寓教于乐，努力产生浸润性的效果；要

以满腔的热情投入课堂教学，以端庄的仪表、文雅大方的举止、简洁幽默的谈吐吸引学生，以饱满的精神状态、轻松愉快的表情感染学生。

营造轻松愉悦的学习气氛应贯穿课堂教学的全过程。课中，我根据教学内容设置悬念，提出引人深思的问题，吸引学生的注意力，也运用教室里的人、物、直观教具（如多媒体、挂图、简笔画和实物等）创设情境。语言总是和情境联系在一起的。有了情境，学生才能印象深刻，声、形、意才能有机结合，学生学得才能有趣，掌握得才能准确。教师就像是导演，要精讲巧问、善于设疑，想方设法实现师生互动，让学生有大量的时间参与。这样，学习才有乐趣，学生才会感兴趣。总之，一堂课，始终要让学生学得轻松愉快、兴趣盎然。

用心爱，做学生的益友

管理班级"爱"字当头，用爱心感动学生，用理想来激励学生，用榜样来带动学生。我一直很重视班级的常规管理。每天早晨，我采取不同的方式检查作业：或全部，或局部，成个别，有时老师检查，有时学生检查；有时优等生检查，有时学困生检查。由于某种原因没写作业或者忘带作业的同学必须自己在班务日志上签名。课间，我会悄悄找到签了字的学生，关心地问："昨天晚上，身体不舒服了吗？""家里有什么事吗？"没完成作业的学生一般都会不好意思。八年级的学生自尊心强，学会了自我掩饰，一般不愿意和大人交流。于是，我采取与学生不定时笔谈的方式，把自己的工作意愿写给学生看。慢慢地，学生也在笔谈中对我敞开了心扉。每次收上来"交流快车"，我总是迫不及待地看，与学生进行心灵的交流。驾着这辆交流快车，我很快走进了学生的心灵世界。

我认为对于一个正在成长中的学生来讲，人格上的完善远比学习成绩上的优秀更重要，因为人格上的善良坚韧是学生学习的源头活水。

所以在繁忙紧张的学校生活中，我时常收集一些励志的名人名言，抄在黑板上，给予学生们学习动力与信心。于是，苏格拉底、鲁迅、高尔基……走进了学生的世界，学生渐渐充实了自己的内心，找到了前进的方向。触碰伟人的灵魂，是对学生心灵的净化。学生争相把这些名言抄在自己日记本的扉页上，激励自己向人生目标发起冲击。

对优秀学生的爱，每一个老师都能做到，而对于学困生的爱，更让人感怀。我每天中午都会与那些在学习上有困难的学生来一个"约会"，即使高强度地工作了一上午，中午也要精神饱满地给他们辅导。所以，在一般人看来没有语文天赋的学生，在我的激励、引导下，在作文竞赛中拿了奖；在一般人看来朽木不可雕的学生，在我的循循善诱下，取得了巨大进步。

用心学，做老师的助手

心中有爱，步伐坚定。带着责任起程，撒下一路欢歌。一腔丹心撒教坛、铸辉煌。如果说学校是我敬业奉献的岗位，播撒爱心的花园，那么课堂、课改则是我求知的乐园，攀登高峰的起点。在教育现代化不断深入人心的今天，在教育改革正成为一股不可阻挡的历史潮流的今天，我深知：唯有改革开拓、勇于创新，才是教育事业取之不尽、用之不竭的"源头活水"。我不放弃每一次学习的机会，抓住每一次展示的机会，潜心钻研业务，透彻领会课改精神，不断挑战自我，将新的教育理念融入教育教学中，使自己的教育教学能力不断提高。教学方面我始终把握一个原则——一切从学生发展的角度出发，始终把握好自己的定位——服务于学生，服务于学校，竭尽全力培养学生的各方面能力，提高其语文素质和其他素质。我把学生语文能力的获得、提高牢牢地与平时的教学紧密联系起来。"知其然知其所以然"，探究结果，更要引导学生自主探究这个结果的形成过程。我常常针对教材特色和学生特点，结合个人的风格，有的放矢地寻找一个抓手、突破一个重点，让学生掌握一种学习方法、训练一种能力。

（一）丰富多彩的班级文化

教室是学生学习生活的主阵地，也是班级文化建设的主场所。教室内墙是文化园地，黑板两侧是名人名言，尤其是走廊上的班级宣传栏，更是异彩纷呈、成为我班一道美丽的风景线。七年级的主题是"每一片叶子都是美丽的，每一颗种子都会发芽"；八年级的主题是"师徒相长，为梦而搏"；九年级的主题是"学霸璀璨"。

每一届新生，我都用最快的速度与学生一起拟定班名、班徽、班训、班歌。例如：

班名：筑梦班。

班训：自信自律，乐学勤学；正气浩气，筑梦圆梦。

教师寄语：学生个个都是人才，让每一个学生都抬起头来走路，在自悟中快乐成长。细节决定成败，过程决定结果；青春不言悔，爱拼才会赢；云程有路志为梯，平凡也会创奇迹，只要努力，一切皆有可能！让我们都为成功想办法，超越梦想，铸就辉煌！

学生心语：当展翅的雄鹰搏击天宇时，它便拥有了天的广阔无边；当跃起的骐骥奔驰旷野时，它便拥有了地的辽远无际；而当学生面对失败时，也同样有了奋斗的信念和充盈的生命。我们坚信"我们的未来不是梦"，我们坚信成功不是偶然，而是每时每刻的全力以赴。让我们收起茫然和懒惰，让每一个梦在响亮的日子里快乐出发！

班歌：

金春筑梦

梦想是石，敲出星星之火；　　　　有梦者就是一个"大写的人"。

梦想是火，点燃熄灭的灯；　　　　世界上总有人抛弃了理想，梦想是灯，照亮夜行的路；

梦想是路，引你走到光明。

中国梦，我们的梦；

六中梦，少年的梦。

梦想如珍珠，一颗缀连着一颗，

贯古今，串未来，莹莹光无尽。

美丽的珍珠链，历史的脊梁骨，

古照今，今照来，先辈照子孙。

梦想既是一种获得，

梦想又是一种牺牲。

梦想使忠厚者常遭不幸；

梦想使不幸者绝处逢生。

平凡的人因有梦而伟大；

梦想开花，桃李要结甜果；

梦想抽芽，榆杨会有浓荫。

六中梦少年梦，青春不言悔，

理想却从来不抛弃任何人。

青春的舞步——

六中课间操，雄健有力，

彰显了六中学子的风采；

文明的窗口——

六中路队，整齐有序，

展示出六中学子的修养；

多彩的文化——

六中社团，丰富灵动，

发展了六中学子的特长；

书香的殿堂——

六中博雅楼，大气高雅，

升华了六中学子的心灵

请乘理想之马，挥鞭从此起程，

路上春色正好，天上太阳正晴。

奔跑吧，23班

齐心向前迈，

心里充实又自在。

希望终点有鲜花之海，

全力奔跑，梦在彼岸。

我们是二十三班，

共努力迈步向前，

团结勤奋每一天，

肩并着肩，实现心愿。

随风奔跑，快乐是方向，

追逐梦和理想的力量。

把未来的梦想装进我胸膛，

即使再小的帆也能远航。

随风飞翔，拼搏振翅膀，

我们就该勇敢闯一闯。

哪怕遇见再大的风险、再大的浪，

也会有团队的力量。

军训歌：

我们的教官

教官，一个虽然形象平凡但却精神伟岸的人，

教官，一个虽然相处短暂但却让人终生铭记的人，

教官，一个虽然不苟言笑但却让人钦佩赞美的人。

因为你，

我们学会了军人应有的姿态，

因为你，

我们习得了做人应有的精神。

亲爱的教官，

是你，让我们见识了一个真正的军人，

是你，让我们在磨砺中建立了深厚的同学友谊，

是你，让我们在困难时学会了战胜自我，

是你，让我们年青的生命谱写出青春的赞歌，

你是我们见过的最可爱的人。

你的激情，让我们迸发了前进的动力，

你的命令，让我们懂得了律己守纪，

你的刚毅，给了我们迎难而上的勇气，

你的坚强，给了我们坚持不懈的力量，

你的博爱，让我们养成了关怀别人的品格，

你的无私，让我们领会到奉献和分享的意义。

因为你，幼稚的心灵懂得以勇敢面对生活，

因为你，怯弱的灵魂学会以拼搏面对人生。

军训虽短，你对我们的影响却很深

亲爱的教官，

我们用军礼向你致敬。

可爱的你，让所有人为你感动

谢谢您！尊敬的教官，您辛苦了！

春天播下种子，夏天辛勤耕耘，秋天才有收获，看到学生军训的照片，我相信，通过军训，他们会变得更加坚韧和刚强。军训淬炼他们的意志，磨炼他们的精神，洗涤他们的灵魂。军训会让他们更加富有朝气，会让他们战胜一个又一个困难，跨越一个又一个台阶，收获一个又一个胜利。当我再次把他们的照片细细端详时，我看到了美丽，我看到了坚强，同样，我也看到了他们在认真地历练自己，正把痛苦、脆弱与忧伤细细品尝。他们的眼角眉梢，将刻画出与他们年龄更为相称的深沉与坚强。为他们喝彩！

班级之星：

友爱互助星

九年13班　星腾

她在忙碌的生活中体会简单与温暖，坚持着小小的却珍贵的梦想。她在平凡中静享安然自得的快乐，在简单里追求持久的执着。她努力做一个平凡却又深刻的人，不锋芒毕露，也不流于庸俗，努力为他人、为自己的生命增添美好的成分。她认为万物皆为过客，只有人际的温暖可以留得住。

环保卫生星

九年13班　睿远

他注重个人卫生与集体卫生，带头参加和积极组织本班的义务劳动和大扫除。他卫生习惯良好，发现垃圾杂物能主动清理干净或捡起放入垃圾池中，从不乱扔垃圾。他敢于同不讲卫生的行为作斗争，为了使环保意识和公共卫生意识深入人心，他利用各种机会演讲宣传，大大促进了我校卫生管理工作效率的提高。

成绩优异星

九年13班　冠衡

他就像一支铅笔，在时间的画板上创作一张叫"生活"的图画。开心快乐时画出的明亮轻快的高光点，是他学习的信心；课业繁重时画出的安静沉稳的背光面，是他前进的动力。随心自如地勾勒生活的轮廓，小心仔细地描绘生活的细节，他这一支绘画的铅笔，一样可以把生活表现得五味俱全、明暗分明。

努力奋进星

九年13班　佳鑫

她是一个平凡的女生，没有豪情壮志，只怀有小小的梦想，像一只蜗牛在追梦的路上缓缓前行。她坚信，只要将最初的梦想紧握在手上，就一定可以到达想去的地方。她相信美好与纯真，相信阳光可以照进每一个角落。她喜欢笑，喜欢阳光。她不求做最好的那一个，活在别人的期望中，她只做最真实的自己！

管理才干星

九年13班　黑帅

他是班主任心中最优秀的班干，老师的得力助手。他一直坚守自己的责任，为班级管理贡献自己的才智。班级中到处有他挥洒汗水的身影，他秉公执法刚正不阿，是我们学习的典范。负责任、正直是他的代名词。

文明守纪星

九年13班　明宇

他是一个高大的阳光男孩儿，他心甘情愿地播种文明的种子，无怨无悔地照料着它们，他用真诚的笑脸呵护着它们成长，他用《中学生日常规范》作为它们的养料。当一朵朵文明之花在校园的各个角落绽放时，你会发现，他就是文明之花的使者，是上天赠予九年13班的礼物。

全面发展星

九年13班　梦雨

他是数学王国的猛将，才思敏捷无人可比；他是物理王国的王子，反应灵敏令人惊叹；他是乒乓球场上的健儿，技术高超令人敬畏；他是赛道上奔腾的骏马，快如闪电，是老师不可缺少的左膀右臂。在学习生活中他勤奋自强，在课余生活中他是同学们的良师益友。他一直不求最好，但求更好。

学习进步星

九年13班　智敏

她是九年13班的学习委员，追求上进的她每次成绩都在班上名列前茅，她是老师心目中的好学生。而在她的心目中，每个同学都是她学习的榜样。面对失败，她常常以这样一句话来激励自己：当外界带给你不幸时，并不代表你只能忍受不幸，这时，你也可以享受幸福，只要你愿意制造幸福。

尊师敬长星

九年13班　一心

她是一个平凡而又普通的九年级学生，然而普通中也有不平凡的一面。她最大的优点是尊敬老师、尊敬长辈。她由衷地希望尊师敬长在校园能够蔚然成风。她经常利用节假日的时间到附近的敬老院做些公益劳动，既帮助了他人，又在奉献中提升了自己的价值。

文艺特长星

九年13班　滋润

她快乐自信，常以幽默的话语道出奇异的想象；她宽容大度，坚守着心中童话的净土。她是九年13班的文艺委员，性格活泼，虽有时做事马虎，但对自己的爱好却十分谨慎，希望自己可以在未来的学习中才艺双收。她最喜欢的一句话是："既然目标是地平线，留给世界的只能是背影。"

勤奋自强星

九年13班　昱腾

他愿做默默的追梦者，怀着理想与信念，在人生路上默默地前行，去寻找属于自己的天空。他说人生像下棋，是不可以悔棋的，要三思而后行。既然决定了，就要大胆地走出去。在学习上，他不求能一下跃上高峰，而是先选定最近的目标，再以"不说自己是第一，但不承认是第二"的信念激励自己，然后去努力、去超越……

管理才干星

九年13班　佳馨

他也许平凡，但热心助人；他不善言语，但微笑怡人。身为班干的他，恪尽职守，为班级建设作出重要贡献。他踏实、严谨的作风给同学们留下了深刻的印象。他喜欢聆听音乐，也经常沉浸于篮球酣畅淋漓的快感中。在学习中，他总是认真地完成每一项任务，致力于攻克每一道难关，因为他相信："与其无谓地仰望星空，不如沉下心来脚踏实地地前行。"

（二）与时俱进的班规班约

实行班级量化管理，提高管理的民主性和公平性。

1. 按时到校，不迟到，不早退，不旷课，有事必须由家长亲自向老师请假方可批准。保持学校、家庭信息沟通畅通，以防意外事故发生，保证学生安全。

2. 放学后10分钟之内离开教室，并迅速离开校园；不在学校周围逗留，不聚众扎堆；不到小摊买零食，不在路上玩耍；不去网吧及其他娱乐场所。按时回家，给父母报平安。

3. 不和同学打架斗殴，凡是发生打架斗殴事件的，均通知家长并交由学校处理；致对方受伤的，由双方家长协商解决，原则上，医药费由打人方赔偿；造成严重后果的，移交司法部门处理。遵纪守法，是一个学生首先应该做到的。

4. 一个人能走多远，要看他与谁同行。任何时候，都不要和品行不端、有劣迹的人交往，尤其是社会上的不良青年。远离他们，不要听他们指挥，不给他们传话、找人。近朱者赤，近墨者黑。

5. 平时一律穿校服、背规范的双带书包上学。不和他人攀比吃的、穿的、用的，你是来求学的。经济上暂时困难不可怕，怕的是精神贫乏。

6. 女生提倡留短发，留长发者不宜过长；男生一律留学生头，不留刘海，不留过长的鬓角；男女生均不准染发、烫发；不准戴任何首饰，不提倡戴手表。树立正确的审美观，"清水出芙蓉，天然去雕饰"。

7. 不准把手机、MP3、游戏机及与学习无关的书等带到学校，一旦发现均没收，转交给家长处理。目标明确了，学习用心了，精神充实了，就不会去想带这些东西。

8. 不准把刀子、剪子、铁棍及其他能致人受伤的物品带到学校。安全为本，未雨绸缪，防患于未然，乃为上策。

9. 不准在教室内外吃任何零食，尤其是口香糖。如遇特殊情况没吃早餐的同学，可以和老师说明情况，到老师办公室，喝点热水后再吃。这样既安全，又文明。

10. 不准带果类、奶类等饮料到教室，可以带矿泉水。班级是个大家庭，家人应该是平等的。要清楚：你目前享用的是父母的劳动成果。要想有一棵长久地为你遮风挡雨的大树，这棵树，还得自己栽。

11. 学校的收费，要在要求的时间内全部交齐，不得拖延，而影响负责收费的同学和学校结账。从小养成"今日事今日毕"的好习惯。

12. 不准以学校名义向家长要钱，身上带的钱最多不要超过5元。天天回家，没有必要带过多的钱，而且带钱多了，容易给自己带来意想不到的麻烦。

13. 值日生早晨、中午均必须在上课前15分钟到校值日，且将值日任务完成到位，保证教室整洁、卫生区干净，以上任务均须在上课前完成，值日生不得耽误上课。

14. 随时按要求整理好自己的课桌，书本、文具放置有序。努力做一个做事有条不紊的学生。

15. 平时每人带一个塑料袋，把杂物随手放进去，不在任何地方、任何时候随便乱扔杂物。从自己做起，养成良好的卫生习惯。

16. 每天到校后，进教室做好课前准备，可以看看书，也可以和同学聊聊天。不到别班教室找人或张望，不随意和别班同学来往，不在教室内外大声喧哗、追逐打闹，避免碰伤磕伤。

17. 上课铃响前2分钟就要静下来，回位按要求坐好，等老师上课。在老师上课前，班长喊起立，其他同学要迅速起立，精神饱满、声音洪亮地向老师问好。

18. 听课时，直起腰，眼睛随老师走；回答问题先举手，经老师许可后方可站起来发言。发言时，身体站直，神情自然大方，口齿清楚，声音洪亮，不出怪声、怪样。记住：不是所有的笑声都是喝彩，随时注意自己的形象。

19. 听课时，不接老师话，不私自讨论，不随便说话，不给别人提供答案。好为人师，也要注意场合和对象。

20. 听课时，有不懂的问题要举手向老师请教，不要在下面乱讲；老师给你讲题时，应该站起来虚心倾听。这是一种礼貌，也是一种修养。

21. 课堂上，不得以任何理由和任何老师顶撞。人非圣贤，孰能无过？老师也有失误或措辞不当的时候，可能误解了你，可能委屈了你。课后再心平气和地和老师解释，事情会解决得更圆满，化干戈为玉帛，是最好的结局。

22. 下课铃响后，老师的课还没讲完，请少安毋躁，不得嚷嚷，更不得离开座位。对于老师偶尔的拖堂，你要理解，老师也是不得已而为之，正像有的同学在作文中写道：拖堂也是一种爱。

23. 独立完成作业，不偷工减料，有不会的题可以向同学请教，但不可以抄袭他人作业；考试时，不偷看他人答案。记住：抄袭别人的作业，等于降低了自己的尊严；偷看他人答案，等于贬低了自己的人格。

24. 学习上要正确帮助同学，不直接给同学提供答案。可以耐心地给同学讲题，既给同学解答了疑难问题，又加深了自己对此类题的理解，还亲和了与同学的关系，自己的人格魅力在潜移默化中也提高了。

25. 上好音、体、美和微机课，严守课堂纪律，认真听课，课程没有好坏之分。

26. 体育课，要绝对听体育班长的指挥，站队要做到快、静、齐。这是一个班级精神风貌、整体素质的体现。

27. 课间操，往返路线按学校要求走，去时不得走草坪，回时不得走捷径，不得走出队伍。一个无纪律的班级，绝不是一个好班级。

28. 课间操，到地点后，迅速找好自己的位置，不得随意换位置，不张望，不得说话，做操认真、动作到位。于细微之处见风貌。

29. 每天上学前，根据课程表，带齐课本及资料。丢三落四的习惯必须改掉。

30. 不准在课桌及校服上贴东西、乱写乱画。不准在教室内外的墙壁上乱写乱画。一旦发现，通知家长，从重处罚。损坏课桌凳，根据学校要求照价赔偿。爱护公物，是每个同学的职责，我们的学校，我们不爱护谁爱护？

31. 严于律己，宽以待人。与同学和睦相处，不高傲、不张扬、不霸道。大家都是同龄人，谁也不比谁高明多少，每个人的人格是绝对平等的。

32. 不准给老师起绰号，更不得对同学的生理缺陷起绰号或取笑，这不仅是开玩笑的问题，更涉及一个人的品德问题。

33. 一个有礼貌的孩子，总是讨人喜欢的。上学时和父母说声"再见"，见到老师问声好，碰到同学打招呼。送去的是温暖，收获的是笑容。

34. 我们处在信息时代，完全不接触网络是不现实的，关键是怎么接触。上网查查资料是必要的，倘若迷恋网络游戏和网上聊天，因此误了学业就大错特错了。请同学做到，周一至周五不上网，双休日在征得父母同意的前提下，在保证能高质量完成作业的情况下，和父母达成上网时间协议，适当上网。

35. 尽量避免乘坐公共交通工具，建议步行或乘坐私家车上学。如必须乘坐公共交通工具时，务必全程戴好口罩，途中避免用手触碰公共交通工具车上物品。

36. 所有学生进校时要戴好口罩，配合学校做好体温检测，体温正常者进校，体温超过37.3℃的学生要及时就诊。班级通风负责人到校及时开窗通风。

（三）激励全员的奖励方式

全班设立六大部门：学习部、纪律部、卫生部、体育部、财政部、生活部，采用部长管理制度，并且不定期地评比点赞，六个部门各选十佳听课优秀者、十佳代理班主任等。我奖励他们合照和握手。平时，我还会经常性地在学生的周记、月工作总结、试卷、作文中因人而异地写一些鼓励的话，如"你书写有进步，祝贺你""你做题很严谨，老师很欣赏你""你是一匹黑马，勇敢地往前冲吧"。无论学生在哪个方面有进步，我都会很郑重地和他握手，甚至拥抱。每次班级月总结时，我都会进行全方位、不同方式的奖励：对纪律和作业优秀者，给予内在激励，适当减少他们的作业；对值日优秀者，给予表扬激励；对积极参加班级和学校活动者，给予参与激励；对工作负责任的班干部和科代表，给予榜样激励；对学习进步者，给予目标激励，等等。

物有其时，每个孩子有自己的生长节奏。每个学生制定挑战自己的目标，每师徒四人一组制定挑战全班的目标。无论个人或者小组进步者，我首先很亲切真诚地与他们握手，然后请他们选择学校里自己喜欢的景物照相。我在照片的背面写上鼓励性的话，在家长会上发给家长。家长委员会商定奖励策略。

班级一些暂时落后的学生就曾经说过："我即使是一块废铁，徐老师也要把我打造成一把好剑。"这些朴实的话足以让我动容，让我温暖，让我有使不完的劲儿。

（四）全员参与的元旦演出

初中每一个元旦，我班都要拿出两节课，以教室为舞台，举行一次别开生面的全员参与的元旦演出活动。全班同学自由组合，不会表演说两句话也行。回望2018年元旦的联欢会真是精彩纷呈。飞奥、辛怿的深情朗诵，拉开演出的序幕。接着是器乐演奏，精彩绝伦！斐然的琵琶独奏《十面埋伏》震撼人心，苡然的钢琴曲《致爱丽丝》、童玉的钢琴曲《天空之城》美妙动听，奕菲的二胡独奏《赛马》荡气回肠，雅冰的笛子演奏悠远。还有乃晨的清唱清新悦耳，竞徽、姝研、云鹤、骛杰、徐湘、莉淇带来的群口相声意味深远，云飞、朱凯讲的故事发人深思，迟佳乐、李阳、张文琪、林雪的小品《你我他》短小精悍，玉蓉、况红、高欢、振业的小品《包丢了》幽默诙谐，汉贵、敬涛的相声《怯拉车》意味深长，致璇、菁菁的相声《如此学生》贴近现实，张栋、立鑫的相声《不赖我》表演得惟妙惟肖，茜文、涵冰的绕口令功夫了得，喜雪表演的魔术让人眼花缭乱，晟耀的"脑筋急转弯"使联欢会达到了高潮。最让我震撼的是高扬的中国功夫，动作有力、标准。学生个个都拿出自己最大的勇气和自信，展示了自己的风采。家长也参与了精彩的元旦演出——赠送毛笔字和工笔画。

感慨：孩子们的潜力无限，需要我们当好舵手。孩子的梦想有多远，舞台就有多大。

（五）微信分享和飞信交流

微信和飞信为我们与家长的交流提供了便利和快捷。

1. 微信共享教育智慧

例如，微信中共享《急救常识，人手一份》《世界名校的百年校训》《生命在阅读中高贵和优雅》等知识内容，以及"扬在脸上的自信，长在心底里的善良，融在血里的骨气，刻在生命的坚强"等励志语句。

2. 飞信交流学生成长

（1）老师分享。例如：各位同学，期中反思分两项进行：一项是在每科试卷上分别总结失分原因、补救措施、家长建设性的意见；一项是在作文活页上做总的梳理，如我进步了（自己上初中后的亮点），有待于提高的方面（自己的缺点）。

（2）学霸分享学习体会。孩子成长的差距取决于人生的规划程度、勤奋程度、接受能力和专注能力。粗心只是你做得还不够，熟练程度还不够。数学学得好的法宝是静心、动脑；英语学得好的法宝是多听、多背、多写；语文学得好的法宝是多读有益的书，并善于分析积累。

（3）学生分享。

第一周工作总结如下。

周一：启暄、喜雪、李琳值日及时认真。晟耀、汉贵、梦瑶、雨翰、致璇寒假语文背诵功夫到家。玉莹代理班主任。

周二：泽茹、喜雪、启暄、琦彭利用课间时间清理墙壁，胶纸很漂亮。况红代理班主任。

周三：汉贵、致璇、斐然、雨翰、乃晨、晟耀课堂积极思考回答问题。姝研代理班主任。

周四：徐湘、施展、郭佳的英语作文优秀。文琪、姝研、斐然、立鑫、一锋的午读很好。一天之计在于晨，学习是一个积累的过程，一个艰苦奋斗的过程。竞徽代理班主任。

周五：辛恽、敦瑜、立鑫值日及时认真。童玉小组在第一节课表现优秀。中午涵冰的素质手册写得完整准确。玉莹主动拿胶水。子涵代理班主任。

勿以善小而不为，细节决定命运！

（六）每个学生的自主管理

为了真正使学生在自我教育中茁壮成长，我想了很多方法。

1. 周班会、周反思

周班会是对学生进行思想道德、行为规范、理想信念等方面的教育，弘扬正气，抵制不良风气，传递正能量。班会的主题可以参照学校要求拟定，也可以自己拟定，有时也由我拟定，如"正气、大气、争气""掌握规范，学会负责""学会专心听讲，勤于思考"等；周反思，就是让学生对自己一周来的亮点和缺点进行全方位反思，制定纠正缺点的有效措施，从而扬长避短，在反思中不断成长。

第三周工作总结：

周一代理班主任鹫杰说：一分耕耘一分收获，现在正是学习的好时光，不要虚度青春。

周二代理班主任徐湘说：勤能补拙是良训，美术课和微机课的纪律有待于提高。

周三代理班主任涵冰说：人的一生应这样度过，不会因虚度时光而悔恨，也不会因碌碌无为而羞愧。个别同学的作业做得不太认真。

周四代理班主任嘉辉说：今天所做的一切，都是为明天的成功做准备，希望把握住今天的好时光。

周五代理班主任乃晨说：阅读课同学们全神贯注，读书投入，英语课和数学课上，同学们大多数发言积极踊跃、听讲认真，但极个别学生仍有走神现象，请扬长避短，继续努力。

第四周工作总结：

周一代理班主任辛怿说：孙培浩、张宏基的作业有很大进步，英语课上，同学们发言积极踊跃，听讲专心，中午及自习课，同学们争先恐后背书，不甘心落后。成功的决定因素应该是勤奋，请同学们刻苦学习吧！

周二代理班主任林雪说：数学课上，同学们讨论问题的气氛很好，中午能做到入室即学。我们要珍惜匆匆流走的时间，将来不后悔。

周三代理班主任佳乐说：今天早读，同学们都能珍惜美好时光，更好地印证了一句话："只有耐得住寂寞，才能孕育成功！"

周四代理班主任郭佳说：早读前，同学们能够认真背书。一分耕耘一分收获。

第六周工作总结：

周二代理班主任致璇说：上帝给予每个人的时间都是一样的，八个小时的有效睡眠，在校时间的充分利用，在家晚自习的充分复习和预习，双休日的高效安排，青春不言悔！

周三代理班主任泽茹说：我们应该珍惜时间，寸金难买寸光阴。

周四代理班主任说：有梦才有可能成功，请同学们提高作业质量和加大背书的力度。

周五代理班主任施展说：请同学们及时改错，迅速弥补一时的失误。勤能补拙是良训，一分辛苦一分才。

第七周工作总结：

周一代理班主任弘毅说：相信我们六班一定是最棒的！周一锋课外阅读做得好。朱凯、郑茜文、徐湘、赵涵冰、崔乃晨书写认真。值日生喜雪、启暄到校准时。

周二代理班主任文琪说：现在正是我们奋斗的大好时光，少壮不努力，老大徒伤悲！玉莹、王琦、莉淇值日及时，对同学负责。

周三代理班主任福祥说：天才是百分之九十九的汗水加百分之一的灵感。所以我们应该勤奋。

周四代理班主任云飞说：生命是由时间构成的，只有用时间计算生命的人，其人生才会更有意义。

周五代理班主任李阳说：一年之计在于春，请同学们珍惜大好春天！今日语文考试成绩优秀的有一锋、高欢、梦瑶、朱凯、立鑫、斐然、沁心、雨翰、涵冰、文琪、竞徽、雅冰、莉淇、施展、玉莹，为他们点赞！有进步的有云飞、子阳、高扬、林雪、福祥、振业、佳乐、童玉、云鹤、紫茹、子涵、汉贵、宏基、王琦、敬涛、云鹤、徐湘。请戒骄戒躁，更上一层楼。

2. 月总结

月总结是学生对本月自己的学习及分管工作的得与失作全面总结。每个月总结的主题不仅与此阶段的班级工作重点相吻合，而且要别开生面，有启发性。例如，学期初的月总结主题是"为梦而搏""越努力越幸运"等，学期中的月总结主题分别是"拥有自信，自强，就拥有了成功的金钥匙""好习惯使人受用无穷"等，考试后的月总结主题分别是"愈战愈勇，做心灵的强者""只为成功想办法，不为失败找理由"等。月总结还要请家长品读并提出建议。我对家长的意见都认真阅读并画出富有启发性的句子，从而及时进行家校沟通，有的放矢地与学生交流。这样，学生在总结中每天进步一点点，一个月、一学期下来，学生的整体面貌就会有大的飞跃。

（七）形式多样的主题班会

"少年当自强不息"主题班会教案

一、班会背景

"少年兴则国兴，少年强则国强。"（梁启超《少年中国说》）当今，我们中华民族伟大复兴的中国梦，需要在一代代青少年的接力奋斗中变为现实。初中生具备一定的独立思考与理性分析能力，对于"自强不息"这个话题并不陌生，但大多止步于了解。对此，班主任通过班会，帮助学生深化对自强不息精神内涵的认识，并引导学生自觉内化、践行，坚信青少年能不负韶华，做自强不息好少年，为把我国建成现代化强国贡献自己的最大力量。

二、班会目标

认知目标：利用图书馆和网络等资源检索、搜集资料，并能进行筛选和分类，以关键词形式概括提炼出自强不息精神的具体表现。

情感目标：寻找、发现自强不息的少年，学习他们的优秀品质。

行为目标：继承和发扬中华传统美德，做一个自强不息的好少年。

三、班会准备

学生准备：

1. 收集、筛选、了解自强不息的精神内涵。

2. 整理、背诵关于自强不息的名言、格言、诗句。

3. 寻找自强不息的少年。搜索和讲述中国古代有自强不息精神的少年的故事。

教师准备：

1. 广泛收集、了解中国自强不息的历史，深入了解自强不息精神的内涵。

2. 合理科学地设计班会每一个环节，强化重点，精心制作多媒体课件。

四、班会过程

环节一：知自强不息内涵

激情导入：同学们对清华大学的校训早已耳熟能详了，它就是"自强不息，厚德载物"。自强不息是中华传统文化的精髓，它的智慧已经渗透到了我们生活中的各个领域，这节课，我们一起去探寻它的魅力！

本节课共分五个环节，老师展示，学生齐读。

欣赏歌曲《天行健》，提炼自强不息精神的内涵。

（1）"天行健，君子以自强不息"，这句话出自《周易》，意思是天道运行刚健有力，永无止息，而君子处世，也应该遵循天道，刚毅坚韧，持之以恒，努力奋进。

同学们的理解又是什么呢？可以用哪些关键词来定义它呢？

各组代表展示本组探究自强不息精神内涵的思维导图。

（2）自强不息是个人通往梦想的大门：自强不息是一个人的重要品质，是中华民族的优良传统。自强就是自力更生，奋发图强，在困难面前顽强拼搏。一个自尊自信自立的人必定会对未来充满希望，会永远向上，奋发进取，竭尽全力，热爱生命。

（关键词可能涉及"志存高远""爱我中华""自立自强""迎难而上""积极进取""坚持不懈""忍辱负重""发奋图强""积极乐观""超越自我""勇于开拓""不屈不挠"等。）

结合学生发言，教师总结——自强不息是通往梦想的大门。

（3）以上是从个人角度来理解的，下面我们从国家发展方面来诠释。聆听习近平总书记2022年新年贺词，深入体会自强不息的时代内涵。

自强不息是我国传统文化精髓。（关键词：富强，昂首阔步，欣欣向荣，激情飞扬，百折不挠，踔厉奋发，笃行不殆，守望相助，坚定有力，恢宏气象，矢志不渝，可敬可亲，不忘初心，不负人民，清澈的爱）

一起欣赏学生绘画的思维导图。老师作归纳总结。

设计意图： 欣赏歌曲《天行健》，创设学习情境，直奔自强不息主题。学生在动听的歌曲旋律中进入思考，通过简单积极的歌词，思考自强不息的意义，能很快进入本次活动的主题。中华传统文化博大精深。自强不息是中华传统文化的精髓，也是中华民族生生不息的精神源泉之一，需要我们每一个炎黄子孙深入理解，传承并发扬光大。

环节二：诵自强不息名句

自强不息是中华传统文化的精髓，同学们都积累了多少自强不息的名句呢？

这一环节由黑帅、水源两位同学主持。

合：亲爱的同学们，名言诗词已渗透到了我们的生活中。

黑帅：现在，让我们通过竞赛的方式，交流关于自强不息的名言诗句，品味自强不息的深层内涵。

水源：竞赛规则——全班同学分为两队。

山之队：队长黑帅。

口号：山登绝顶，强者为峰。

松之队：队长水源。

口号：愿作雪中松，自强必成功。

接力背诵关于自强不息的名言、格言、诗句，不能重复。背过一句得一面小红旗，得红旗多的为胜利方，奖励书签。

合：现在，比赛正式开始！

水源：春雨的来临预示着新的面貌。

黑帅：桃李的芬芳给予我们新的追求。

水源：让我们理解人生的真谛，做一个自强者。

黑帅：让我们充满信心地做一个自强者。

合：让我们以顽强的斗志来生活、奋斗。

水源：自强不息名言诗词竞赛到此结束，感谢同学们的积极参与。

有关自强不息的名言、格言、诗句：

书山有路勤为径，学海无涯苦作舟。——韩愈《古今贤文·劝学篇》

数风流人物，还看今朝。——毛泽东《沁园春·雪》

黑发不知勤学早，白首方悔读书迟。——颜真卿《劝学》

胜人者有力，自胜者强。——老子《道德经》

不怨天，不尤人。——《论语·宪问》

士不可以不弘毅，任重而道远。——《论语·泰伯》

长风破浪会有时，直挂云帆济沧海。——李白《行路难·其一》

壮心未与年俱老，死去犹能作鬼雄。——陆游《书愤五首·其二》

生当作人杰，死亦为鬼雄。——李清照《夏日绝句》

好风凭借力，送我上青云。——曹雪芹《临江仙·柳絮》

我劝天公重抖擞，不拘一格降人才。——龚自珍《己亥杂诗》

老骥伏枥，志在千里；烈士暮年，壮心不已。——曹操《龟虽寿》

天生我材必有用，千金散尽还复来。——李白《将进酒》

千磨万击还坚劲，任尔东西南北风。——郑燮《竹石》

少壮不努力，老大徒伤悲。——汉乐府《长歌行》

天将降大任于斯人也，必先苦其心志，劳其筋骨，饿其体肤，空乏其身，行拂乱其所为，所以动心忍性，曾益其所不能。——《孟子·告子下》

路漫漫其修远兮，吾将上下而求索。——屈原《离骚》

志当存高远。——诸葛亮《诫外甥书》

丈夫志四海，万里犹比邻。——曹植《赠白马王彪（并序）》

设计意图：学生积累背诵有关自强不息的名句，能更全面深刻地理解自强不息的精神内涵，为更好地践行自强不息精神作储备，同时深入理解自强不息的传统内涵和一脉相承的文化传统。

环节三：寻自强不息少年

同学们记住了这么多有关自强不息的名句，那么，了解了哪些自强不息的少年呢？

请主持人高沅、凯赫同学登场。

合：榜样的力量是无穷的，现在，我们一起来认识自强不息好少年。

高沅：自古英雄出少年，各个时期的许多少年在自强不息方面做到了知行合一。接下来我们就听听他们的故事。

主持人凯赫展示古代人物资料图片，如范仲淹、孙敬等，同时穿越时空采访少年范仲淹。

主持人高沅展示当代人物资料图片，如杨倩等。"金牌小记者"赵爽、靖雯分别采访奥运冠军杨倩、班级明星黑帅。

古代好学者范仲淹虽家境窘迫，但少有大志，于贫贱富贵不动于心；纵断齑画粥，也专心苦读，于毁誉欢戚充耳不闻。刻苦攻读，博览群书。范仲淹用吃苦耐劳的精神和克服困难的意志诠释了自强不息。

奥运明星杨倩为国争光：东京奥运会上，杨倩夺得中国队首金。颁奖仪式上，这位00后女孩儿一个比心的动作，让网友直呼"可爱"。3天后，10米气步枪混合团体赛，杨倩携手队友杨皓然为中国队再添一金，而此时她的清华学子身份也为人所熟知。这个女孩儿，趁着清华放暑假，去东京拿了两块金牌。

班级明星黑帅自律自强：在日常生活中，我会经常阅读一些名人的故事，了解一些伟人少年时自强不息的故事，并从中总结一些自己的见解，不断丰富自己的阅历以及提升自己的精神涵养，以积极阳光的心态面对生活中的每一件事，努力让自己把每一件事都做好。在刚刚进入初中的时候，当时学习的压力和难度一下子增大，导致我在那段时间里一直没能调整好自己，还好，班主任徐老师及时找到我和我沟通，让我知道了初中学习的要领和方法。同时，我从名人身上汲取正确的道理和知识，不断自我突破，最终找回了自己的节奏，做到了自强。

合：他们有各种不同，但是他们都以自己的方式给了自强不息最生动的注解，给了"君子"最丰厚的诠释。

设计意图：榜样的力量是无穷的。借鉴"典籍里的中国"的形式，穿越时空采访，让孩子们近距离访谈"自强不息"明星，学习他们自强不息的精神，触动会更大，动力会更足。

环节四：宣读自强青春誓言

我们中华民族伟大复兴的中国梦，需要在一代代青少年的接力奋斗中实现。作为新时代的青少年会发出怎样的青春誓言呢？

请把你们的感悟凝练成一段文、一首诗，勇敢地表达出来。属于我们的青春，就该拥有属于我们的主张！自己的青春宣言，就要由自己定义。下面让我们来听听同学们的心声。

1. 个人誓言：学生在小组内交流自主撰写的"青春誓言"，各小组推荐一人展示。

水源：破晓而生，踏浪而行。

赵爽：迈入青春大门，走好自强之路。

菁雯：时代滚滚向前，我会永不停息前进。

健剀：海到天边天作岸，山登绝顶我为峰。

奕淼：自强不息是生命的天使。

金岩：做理想的坚守者，行动的执着者。

2. 集体誓言：我们的共同誓言是——天地苍苍，乾坤茫茫，中国少年顶天立地当自强！

少年智则国智，少年富则国富，少年强则国强，少年独立则国独立，少年自由则国自由，少年进步则国进步，少年胜于欧洲，则国胜于欧洲，少年雄于地球，则国雄于地球！

美哉，我少年中国，与天不老！

壮哉，我中国少年，与国无疆！

我自信，我能行！

我自强，我成功！

设计意图：书写青春誓言，激发学生心中的斗志，树立勇于战胜困难的信心，实现本节课情感态度与价值观的教学目标。

环节五：做自强不息少年

书写了青春誓言，同学们具体怎样践行呢？

主持人：奕淼、皓元。

合：我们主持的环节是：青少年怎样践行自强不息。

奕淼：行胜于言。我们青少年应该怎么来践行自己的青春誓言呢？怎样做新时代自强不息好少年呢？

皓元：自强不息，不一定要做轰轰烈烈的大事，也不一定非得身处逆境，只要脚踏实地，坚持把手头每一件小事做好，每天比昨天的自己进步一点，我们就能成为别人学习的榜样。

场景一："双减"后，学生的周末

皓元旁白："双减"政策落地，我们的周末不再像先前那么单一，而是更加丰富充实，充满了快乐与自由。

王玥的周末：周六，我与伙伴韩雨倩约定在7：00准时开始一起跑步，3公里的路程伴随着我们的欢声笑语，不知不觉就结束了。回到家小憩一会儿就开始背语文和英语。吃了早餐便坐在书桌旁翻看这一周还未记牢的知识点、错题，背诵那些还没有背过的知识点。在作业完成后，我会到小区公园中散步，一边欣赏大自然，一边可以让眼睛更好地放松，有时我会叫上小伙伴们一起出来谈谈心，放松一下紧张的大脑……

旁白：这便是我"双减"后的周末。让我们在属于自己的闲暇时光里，开启一段别样的旅程吧！

场景二：核酸检测时，学生等待中

奕淼旁白：我们即将返校，所有师生需要连续做3次核酸检测。有一次核酸检测安排在社区，人比较多，大约要等20分钟的样子。我欣喜地看到排队的学生大多拿着课本非常投入地看书、背书。一个男生在排队做核酸检测时，发现他后面的是一位老人，主动请老人先做。

在追梦的人生道路上，希望同学们用自强不息的勇气去战胜困难，书写属于自己的青春篇章。

奕淼旁白：观看完这个场景，大家一定受到了启发。可是自强不息不单单表现在学习上，在日常生活中也是必不可少的。

合：自强表现了一个人的良好品德与坚定的信念。新时代的少年们在时刻践行自强不息的好品质。

老师寄语：青春的颜色是奋斗！依托学校"学雷锋教育基地"，强信念，强意志，强本领。坚信同学们能不负韶华，做六中"铭德雅行"少年，做新时代自强不息少年，为实现中华民族伟大复兴的中国梦而不懈奋斗！

设计意图：行胜于言，我们怎么来践行自己的青春誓言呢？怎样做新时代自强不息好少年呢？这是我们这节课想引领大家思考的问题。情景剧能让学生身临其境，了解自强不息的现实意义。

五、班会后延伸教育活动

1. 下面是同学们收集到的材料，这些材料中不符合"自强不息"主题要求的两项是（　　）。

A. 孙康映雪　　　　　　　B. 曲高和寡

C. 车胤囊萤　　　　　　　D. 岳母刺字

E. 宋濂抄书　　　　　　　F. 诸葛亮出山

2. 作为新时代的中学生，在以后的生活中，你想具体怎么做自强不息好少年？以"自强不息"为话题，自主选择演讲主题，写一篇演讲稿，准备参加班内举行的演讲比赛。

我的中国梦　　　　　　志当存高远

勇做时代的弄潮儿　　　论不屈不挠

放飞青春梦想　　　　　不可知难而退

设计意图：做"少年当自强不息"诊断卡，让自强不息精神渗透到学生日常学习生活中，牢不可破。在深刻探究自强不息的传统内涵之后，引导学生思考自强不息在当代之于个人成长的现实意义。

六、班会反思

1. 学生深入理解自强不息的精神内涵，发出了铿锵有力的青春誓言，也有了发自内心的觉醒和成长。

2. 要让自强不息的品质渗透到学生的日常行动中，班主任需要结合学校学雷锋教育基地不断践行。

我的未来不是梦

——理想教育主题班会

一、班会背景

进入初中后期，学生中开始出现两极分化的现象，学生在学习上和心理上存有很多的困惑：成绩优秀的学生心理压力过大；学习较差的学生有自暴自弃的倾向；而中游的学生努力了却不见太多收获，毕业后是继续升学还是打工就业将是他们无法回避的选择。

二、活动目的

通过这次主题班会，同学们明确了人生的奋斗目标，增加了学习的动力和热情，并认识到实现理想的路途充满艰辛，需要脚踏实地，不懈努力，才能实现心中美好的理想，使美梦成真。

三、活动过程

1. 播放歌曲《当时的理想》，导入本次班会的主题

主持人（伟民）：这首激动人心的歌曲拉开了我们这次主题班会的序幕。

主持人（念孟）：我们有着幸福的童年和现在，可我们是否想过未来，想过我们的理想，想过怎样完成我们的理想？

主持人（伟民）：是啊，有这样一个故事：一只鹰孤独地在天空中翱翔着，发出一声嗥鸣，如同震天的巨响。鹰继承了千千万万祖先血脉里的渴求——翱翔于蓝天之中，横跨于苍穹之上。鹰用尽一生来诠释理想，它曾孤独过、痛苦过，也失败过，但它总是执着地追求着理想，让高飞的灵魂超越平凡。

主持人（念孟）：鹰如此努力地追求理想的同时，也给了我们一个启示：人生也需要理想。人没有理想，就如同一个人没有了灵魂，只剩下一副笨重的躯壳。理想是人生的奋斗目标和指路明灯，是催人奋进的

巨大力量。树立远大理想和积极向上的人生目标，对我们而言是人生的一个重要阶段。

主持人（伟民）：理想是灯塔，指引我们前进的方向，照亮人生前进的路程，使我们在任何时候、任何地方都不会迷失方向。

主持人（念孟）：一个没有理想的人，就像鸟儿没有翅膀，不能展翅飞翔。一个没有理想的人，就像蝙蝠失去了耳朵，只能在黑夜中乱撞。

主持人（伟民）：没有理想，就没有坚定的方向，没有坚定的方向，我们就会对生活感到茫然。

主持人（念孟）：教育家苏霍姆林斯基说：思想是根基，理想是嫩绿的芽胚，生长出人类的思想、活动、行为、热情、激情的大树。

主持人（伟民）：富有理想是人的天性。正如著名诗人流沙河所说："理想是石，敲出星星之火；理想是火，点燃熄灭的灯；理想是灯，照亮夜行的船；理想是路，引你走向黎明……"理想如同行舟中的罗盘，给人生成功之路导引方向，给奋发进取者以力量，而没有理想的人就像大海迷航的行舟，随时都有触礁沉没的危险……

主持人（念孟）：理想是我们前进的动力。俗话说："人无志不立。"一个人假若没有远大的理想，是不可能有所作为的。从远古时代的盘古开天辟地到如今的知识爆炸、信息革命，多少年，多少代，多少仁人志士都有着崇高的理想。理想是我们奋力前进、勇于创新的动力，理想是人生的指路灯，理想是战胜困难的力量源泉。一个人要想有所作为，必须树立远大的理想。

2.下面进入第二板块：谈理想

主持人（伟民）：有人说，理想是浪花，追求它，你才有浪花拍打岩石的激情；有人说，理想是风，渴望它，你才拥有风拂万物、穿山越海的洒脱；也有人说，理想是阳光，把握它，你才有阳光倾洒森林的畅快自如。而我认为，理想是古埃及那古老而神秘的文字，需要我们用一生的心血去诠释它、超越它。

主持人（念孟）：生命只有一次，而且是短暂的。正如庄子所说："人生天地间，若白驹过隙，忽然而已。"也如朱自清在《匆匆》一文中所说："洗手的时候，日子从水盆里过去；吃饭的时候，日子从饭碗里过去。"光阴似箭，人生易老，生命是如此的短暂。正因为生命的短暂，所以我们需要树立理想、追求理想。在这个时节里我们有活力，有激情，但最重要的是要有远大的理想和抱负。

主持人（伟民）：每个人都有自己宏伟而远大的理想，下面，请同学们敞开心扉，畅谈自己美好的理想，为我们的未来画出美妙的音符。

同学发言：……

主持人（念孟）：我为同学们有这么美好的理想感到自豪，只要我们从小树立起远大的理想，并为之不断地努力，我们的理想就一定能实现！

3. 进入第三板块：为理想而奋斗

寒号鸟的故事

传说有一种小鸟，叫寒号鸟。这种鸟与众不同，它长着四只脚，两只光秃秃的肉翅膀，不会像一般的鸟那样飞行。

夏天的时候，寒号鸟全身长满了绚丽的羽毛，样子十分美丽。寒号鸟骄傲得不得了，觉得自己是天底下最漂亮的鸟了，连凤凰也不能同自己相比。于是它整天摇晃着羽毛，到处走来走去，还洋洋得意地唱着："凤凰不如我！凤凰不如我！"

夏天过去了，秋天到来，鸟儿们都各自忙开了，它们有的开始结伴飞到南方，准备在那里度过温暖的冬天；有的留下来，就整天辛勤忙碌，积聚食物啦，修理窝巢啦，做好过冬的准备工作。只有寒号鸟，既没有飞到南方去的本领，又不愿辛勤劳动，仍然是整日东游西荡的，还在一个劲儿地到处炫耀自己身上漂亮的羽毛。

冬天终于来了，天气寒冷极了，鸟儿们都回到自己温暖的窝巢里。这时的寒号鸟，身上漂亮的羽毛都脱落光了。夜间，它躲在石缝里，冻得浑身直哆嗦，它不停地叫着："好冷啊，好冷啊，等到天亮了就造个窝啊！"等到天亮后，太阳出来了，温暖的阳光一照，寒号鸟又忘记了夜晚的寒冷，于是它又不停地唱着："得过且过！得过且过！太阳下面暖和！太阳下面暖和！"

寒号鸟就这样一天天地混着，过一天是一天，一直没能给自己造个窝。最后，它没能熬过寒冷的冬天，终于冻死在岩石缝里了。

主持人（念孟）：我们能像寒号鸟那样吗？不能！我们观看了电视剧《宝莲灯》，沉香为了实现自己心中的理想不怕辛劳，历尽千辛万苦，克服种种困难，终于实现了自己的理想。那么同学们，你认为你该为实现理想做什么？

主持人（伟民）：我想我们每个人心中早就有答案了，请同学们说说好吗？

同学1：从现在做起，珍惜光阴，不让时光从自己的手指缝中白白流走，不让我们的生活中充满后悔。

同学2：树立远大的理想，并为之不断地努力。

同学3：要有吃苦耐劳的精神，不为困难所吓倒。

……

主持人（念孟）：北宋大文学家苏东坡曾经说过："古之立大事者，不惟有超世之才，亦必有坚忍不拔之志。"是的，古往今来，不管是帝王将相、开国元勋，还是赫赫有名的政治家、军事家、思想家、科学家，他们从小都立有远大的理想。也正是理想，支持着他们不断进取、不断奋斗。只有从小确立远大的理想，并为之奋斗到底，才有可能成为祖国的栋梁之材。

主持人（伟民，念孟）：是啊，我们必须从现在做起，为自己理想的实现而努力；一个人追求的目标越高，他的才力就发展得越快，对社会就越有益。

主持人（伟民）：不仅仅这样，我们还要把自己的理想和前途与祖国的命运和前途结合起来，祖国的美好未来将由我们来创造，我们是中华民族明天的主人。"数风流人物，还看今朝。"我们应该从现在起，确定目标，努力学习，为中华民族的伟大复兴贡献自己的青春与才华。

主持人（念孟）：收获的季节是欢乐的，但播种和管理的过程是艰辛的，必须以付出汗水为前提，我想每个人在奋斗过程中都会有一个激励自己前进的口号，也就是我们所说的座右铭。

主持人（伟民）：每个人在实现理想的过程中都有自己的座右铭。那么，在座的同学们，你们的座右铭是什么呢？

主持人（念孟）：请同学们踊跃回答。

（学生自由回答）

主持人（伟民）：远大的理想，宏伟的志向，是对理想追求的一种执着，是我们人生的崇高目标和巨大的前进动力。我相信，同学们有了时时激励自己的座右铭，一定可以实现自己的理想。

主持人（伟民）：理想有远近之分，还可以分为职业理想、道德理想、人生理想。现在最迫切的理想是本学期能取得好成绩，我想每个人心中都有一份学期理想了吧。

主持人（念孟）：很开心，同学们对理想有了这么深的认识。

主持人（丽莎）：天下没有不散之筵席。

主持人（伟民）：班会无限好，只是近铃声。

主持人（念孟）：让我们有一个远大的理想，走到窗前放飞它，然后用今天的努力、明天的勤奋、后天的付出去追求它，为自己的人生书写一首不朽的诗篇。

主持人（伟民）：本次班会让我们在歌曲《我的未来不是梦》中结束。谢谢大家！

牢记校训，遵守公共秩序

——八年6班主题班会

主持人：晟耀、徐湘。

地点：八年6班。

一、班会流程

宣布班会开始。

晟耀：我爱我校，她是带给我温暖的港湾。

徐湘：我爱我班，她是伴我成长的乐园。

晟耀：我爱我校，她是我迈向成功的阶梯。

徐湘：我爱我班，她是我走向成功的大道。

晟耀：下面我们宣布，校风学风校训——

合：主题班会，现在开始！

第一篇章：知校风学风校训

主持人：家是我们成长的摇篮，我们每个人都爱自己的家，而学校、班级则是我们共同的家园。铭德雅行，知行合一，言行一致，行胜于言，符合学校"文明学生，美德少年，优秀公民"的德育目标，遵循了教育规律，解决了时下各学校普遍遇到的教书与育人割裂的突出问题，解决了如何传承中华民族优秀传统文化的问题，解决了如何培养社会主义核心价值观的问题，也解决了学校发展的瓶颈问题。因此，我们要建设铭德雅行的教学文化。课堂是教书育人的主阵地，教师雅教，学生方能雅学，师生才能共同享受学习之美。

德，寓意行正、目正、心正。雅，有正规标准、美好高尚之意，正而有美德者谓之雅。《大学》曰："大学之道，在明明德，在亲民，在止于至善。"铭德，深刻学习弘扬中华民族的传统美德；雅行，学生行为美好合乎礼仪规范。下面来看看同学们对我们的家了解多少！

抢答题

（1）我校的校训是什么？

（2）我校的校风是什么？

（3）我校的学风是什么？

（4）我校的办学理念是什么？

（5）我校的办学目标是什么？

（6）我校的办学思路是什么？

（7）我班的班级目标是什么？

（8）我班的班级誓词是什么？

（集体宣誓）

列举题

（1）我们学校的一些具体情况有同学知道吗？请列举。

（2）我校荣获不少光荣称号，请列举。

主持人总结宣布结果：请获奖的男同学举一下你们的奖品，请获奖的女同学展示一下你们的成果！

主持人A：真的是被刚才的场面感染了，大家对学校、班级的信息可谓是了如指掌，爱校、爱班之心可见一斑。

主持人A：我校自打造优质教育品牌以来，无论是在师资队伍的建设上，还是在办学规模的发展和学校的管理上，都取得了骄人的成绩。

主持人B：我校社会影响力日渐扩大，社会知名度日益提高，在社会及广大学生家长中享有盛誉

合：这也不由得让我们发出感慨：我爱我校，我爱学习！

第二篇章：履校训

主持人A：在已经过去的半年里，我们成熟了、懂事了，我们在学

习、生活、成长。健康向上的校园活动使我们的综合能力得到了锻炼。

请欣赏某同学带给我们的散文诗《我们成长的乐园》。

主持人B：我们的校园是美丽多彩的，我们作为校园的主人更应该做到讲文明、懂礼貌、爱护校园的环境，为校园的美丽贡献我们的一分力量。

接下来请看小品《校园文明》。

主持人A：看了刚才的小品，同学们有什么想法？

主持人B：全班同学要进一步了解、理解《中学生日常行为规范》，增强班级凝聚力，把规范的要求内化为自己自觉的行动，做一个文明守纪、诚实守信、勤奋向上的学生。

主持人A：良好的习惯对自己、对学习有什么好处呢？我们怎么做呢？我们开始第二轮抢答。回答正确有奖。请看大屏幕。

1. 进入老师办公室或居室前应（　　　）。（答案C）

（A）喊"报告"后直接进入

（B）轻敲门后直接进入

（C）喊"报告"或轻敲门，得到允许后进入

2. 与同学发生摩擦时应（　　　）。（答案B）

（A）与他吵一架

（B）耐心地交谈，化解矛盾

（C）不理对方

3. 上下楼梯时应（　　　）。（答案B）

（A）靠左走

（B）靠右走

（C）靠中间走

下面请欣赏三句半《校园学风》。

主持人A：听了三句半，我们反思一下自己。自己原来有哪些不好

的行为习惯呢？谁能勇敢地说一说呢？

主持人B：××同学，你真勇敢，敢于当着大家的面承认错误。

主持人A：让我们来看看我们身边一些不好的行为。

主持人B：不好的行为习惯我们要鄙视。

主持人A：不好的行为习惯我们要唾弃。

合：那么，就让我们一起来改掉自己身上的不文明行为，从自身做起，从小事做起，以自己的实际行动来爱我们的学校。

第三篇章：爱班

主持人B：我们的集体像一个大花园，每个同学都是其中的花朵，只有大家尽力展现自己，才有集体的春意盎然。

主持人A：前段时间，很多同学都为集体作出了贡献。下面请成玉同学来汇报一下，说说她是怎样为班级争光的。

（学生汇报）

主持人A：班级的发展离不开老师的谆谆教导，我们在老师的启迪下提高，在老师的关心下成长。下面请欣赏配乐诗朗诵《启蒙》。

主持人B：人家都说"名师出高徒"，能在名师的指导下学习是所有学子最大的幸福。

主持人A：我们是幸福的，因为在我们身边就有着享誉全校的名师。说到这儿我要问你一下：你知道他们是谁吗？

主持人B：这你可考不住我，对于他们我有很深的了解。

主持人A：那你能给我们大家介绍一下吗？

主持人B：这件事呀，还是交给我们的同学们吧！

（学生介绍）

主持人B：我们的老师没有名师架子，看上去是那么的平凡、朴素，他们在工作中默默地奉献着。

主持人A：我们班有位同学的妈妈是一位小学老师，在妈妈的感染和熏陶下，这位同学对老师这个光荣称谓有着自己的理解。

主持人B：那是什么呢？

主持人A：请欣赏同学带来的才艺展示《剪纸》。掌声欢迎。

主持人B：我的妈妈是一名老师。小学毕业前我就跟随妈妈徜徉在一中校园，心想，初中阶段的我能否在这样的环境中接受名师的传教呢？也就是那一刻，我告诉我自己，我要在这里读书，我要接受最好的教育。

主持人A：对！这里就是我们放飞梦想的地方！

我们班有几位女生想用歌声向老师们表达自己的感激之情。下面请听女生小合唱《每当我走过老师窗前》。

主持人B：其实，在我们的身边，老师有许许多多温馨的语言感染着我们。

主持人A：其实，在我们的身边，老师有许许多多感人的话语激励着我们。

下面请欣赏诗朗诵《老师，您辛苦了！》。

主持人B：同学的《剪纸》作品已经完成，请周映辰同学为我们展示。

（主持人B与周映辰同学交流）

主持人B：下面我们就请周映辰同学把他的作品作为礼物送给我们敬爱的班主任老师，并请老师讲话，大家掌声欢迎。

（班主任讲话，并邀请学校领导讲话）

主持人A：校领导、老师的殷切期望，请大家牢牢记住，让我们以实际行动继续为班集体增光添彩，用爱心共筑美丽的校园，共筑美丽的班级。

主持人B：下面请全体同学起立，让我们齐唱《永远向前》。

合："我爱我校，我爱我班"主题班会到此结束！感谢各位领导和老师的光临!

二、班会预期效果

全体参与、受到教育、激发爱心、共同努力、团结协作、再创佳绩。

只为成功想办法

——九年13班月考反思主题班会

同学们:

今天我们召开班会,目的是给大家鼓鼓劲、加加油。现在我们已踏入初中阶段最忙碌、最紧张的一年。进入初三,我们将面临人生的第一次选择,迎接中考的洗礼,迎接人生的第一次检阅。从现在到中考结束只不过7个月左右的时间,在这段时间里,为了让我们进入高一级学校学习,老师们不知要牺牲多少休息时间、耗费多少精力;家长不知要为我们操多少心、费多少力。而我们呢?如果现在还没有明确的学习目标、端正的学习态度,没有学习上进心,没有持之以恒、水滴石穿的精神,那么老师再辛苦、家长再操心也是枉然!我们要认识到:学习是为自己而学,不是为他人;是为自己将来有个好的前途。

为此,我们要下定决心,付出更多的努力,流下更多的汗水,才能收获硕果!我们务必记住:有了付出才会有收获,没有付出就不可能有收获,更不可能达到目的。对此,我们要有清醒的认识。

有的同学们可能要问:为什么要月考?月考的目的就是检测我们的学习情况和老师的教学情况,从而让老师做到因材施教,更好地实施教学。

从我的角度来看,这次月考我们考得不好的原因是:

1. 缺乏学习目标,没有学习计划;

2. 缺乏自信,没有上进心;

3. 缺乏学习自觉性、主动性和积极性;

4. 缺乏紧迫感,没有学习动力;

5. 注意力不集中，精力分散。

针对以上几个问题，我们扪心自问：我们对得起自己吗？我们为自己的前途负责了吗？我们对得起老师们对我们的殷切期望吗？

作为毕业生，今天的努力学习、奋力拼搏，就是明天的前途和命运——知识改变命运！为此，我们要做好以下四点。

1. 树立目标，明确目的

进入初三，我们每一个同学的学习目标是：大目标——考入重点高中；小目标——每天要有新收获，每天要有新进步。锁定心中的目标，发扬"汗水+科学的学习态度和学习精神"，坚信成功一定属于我们！

2. 合理安排时间

要想做到合理安排时间，首先要知道当前该干什么、不该干什么；其次让自己在规定的时间里完成规定的任务，提高时间利用率；最后要学会抗拒干扰，学会自我约束，控制自己不去做与学习无关的事。

3. 培养良好的学习习惯

（1）保证学习时间。

（2）配合老师，认真学好每一科。

我们的老师经验丰富，教学水平突出，我们要认真体会老师的教诲，提高课堂学习效率；注意学科发展的平衡性，不要偏科。

（3）学会改进学习方法。

课前预习；课后消化巩固；学习知识不要死记硬背，要会运用；做好错题笔记，等等。

（4）学会管理自己。

做到上课注意力高度集中，认真听讲，积极动脑思考；课余时间认真完成作业。

（5）发扬持之以恒的学习精神。

4. 鼓足勇气，迎难而上

中考是一场没有硝烟的战争，是我们人生的第一次重大选择。蝴蝶经历破茧的痛苦才能变得美丽，人生经历磨炼的艰辛才能获得成功。我相信，机遇只垂青那些奋斗的人。就让我们在今后的学习时间里，厉兵秣马，用坚定的信心和不懈的努力迎接明年六月的挑战！同学们，让我们携起手来，发扬团队精神，共同拼搏，我相信，最后的成功一定会属于我们大家，属于我们九年13班这个光荣的集体！

谢谢大家！

（八）主题教育活动

主题教育活动指的是经过学生和老师精心设计和准备而开展的有明确主题的班级活动。主题教育活动比一般的班级活动更富有教育意义，其特点是主题鲜明，具有强烈的针对性。

班级是我家

一、活动主题

班级是我家，人人都爱她。

二、活动目标

培养学生热爱自己班集体，珍惜班级荣誉的班级责任感。

三、活动准备

分小组讨论：如何热爱班集体？热爱班集体的行为有哪些？

四、活动过程

班级是我家，团结是一枝花，我们人人都要爱她。

1. 回忆班级的成绩和大家的贡献。

2. 每个小组均表达对集体的热爱和关心。

3. 学生谈谈老师对班集体的热爱。

4. 班主任总结对新学期的希望。

5. 全体共同歌唱《爱我班级》。

五、总结反思

评估活动的效果。

班主任对"班级是我家"班会进行完善。

情景剧表演：认真值日的场景；自习课，同学互帮互助的场景，等等。

挫折教育

一、活动主题

学会在困难中微笑。

二、活动目标

面对挫折，要勇敢坚强，要学会在困难中微笑。

三、活动准备

1. 收集名人奋斗的故事和关于战胜挫折的人生格言。

2. 回忆自己的挫折经历，总结经验教训。

四、活动过程

1. 启发谈话，导入活动。

2. 学生谈挫折，分享经验教训。

3. 分享名人故事，深化明理。

4. 分享名人名言和人生格言。

五、总结反思

评估活动的效果。

班主任对"挫折教育"班会进行完善：分享有关"在挫折中奋起"的名人逸事、名人名言，也可以访谈班级不惧困难的同学；总结经验，提高对挫折的认识，强化面对挫折时的无畏，提升抗挫折能力；也可以举办辩论赛"挫折是成功的垫脚石"。

（九）书香班级

我积极倡导学生多读书、读好书，如举办读书漂流活动和读书交流活动。鼓励学生积极参加学校的一切有意义的活动，如各种征文活动、演讲活动、辩论比赛、社会公益活动、爱心捐助等。我班多次作为学校之星登上了胶州的电视屏幕，自信地展示六中人德智体美全面发展的风采。我班重视读书，把读书当成一种习惯，如举办读书大集，建立读书卡片和读书札记，举行读书交流大会，在家长群分享读书心得并进行评比奖励，等等。2013届一个学生的父母在单位工作确实很忙，但他们一家人却能一周召开一次家庭会议，就一周来每个人的表现互相进行点评打分，并适当奖励。全家两周一次大阅读，或者一起到书店阅读交流，或者一起在家里阅读感悟。这真是个书香家庭，可谓其乐融融！这个学生高考时以优异的成绩考入上海交通大学。

读书就是生活，学习就是生活。一本书就是一个世界，你徜徉其间，与大师对话，与智者同行，可以开阔眼界、增长知识、滋润灵魂、充实生活，使人生更加快乐。

书香家庭。用文化"摆渡"家长和学生，学生的人生自然就有了别样的色彩。

书香班级。在每月召开一次的读书交流大会上，同学齐动员，共同探讨、交流，无形中增长了知识、增进了友谊，这是一种非常有意义的活动。读书交流大会现已举行了多次，如《三字经》交流大会、《昆虫记》《童年》交流大会等。3月5日举行的《昆虫记》《童年》交流大会，是七年级下学期举行的第一次读书交流大会。会上，同学们准备充分，个个积极活跃，与主持人互动得很好。

六中新的风景线

2022年，是六中不平凡的一年，是硕果累累的一年。盘点2022年六中的风景线，你会心旷神怡、流连忘返。

风景线之一：青春的舞步——课间操

课间操又称课间体育活动，是学生每天必须参加的一项活动，是学生紧张学习之中的一种积极性休息，也是校园体育文化建设的重要内容和综合反映。六中的课间操形式根据不同年级的学生特点和学业要求而定，七、八年级的学生做操，九年级的学生跑操。做操的队形整齐，动作规范、优美、节奏感强，学生个个精神饱满，彰显出青春的活力。跑操的做到步伐整齐划一、口号洪亮，彰显出学生的风采。

风景线之二：文明的窗口——路队

学校路队既是班级风貌的体现，也是体现学校形象的一个窗口。整齐、有序的路队，表现出了学校管理的有序、和谐，全面展示了学校学生文明守纪的风貌。2022年，六中为了切实保障学生在上放学途中的安全，实行"路队护送责任制"。每天放学后，各班南北路队高举班牌，由老师护送，排着整齐的队伍踩着直线迈出校门，井然有序地走出了一条"家长放心之路"。优秀路队习惯的养成，消除了许多不安全因素，提高了学生的安全意识，培养了学生的组织纪律性和良好的团队精神，展示出学生自觉、自律的风采，树立了学校良好的形象，受到社会的广泛好评。

风景线之三：教学的灵丹——周周集备

为了保证教师的思想跟得上时代的步伐，拥有足够多的知识储备，学校倡导教师多参加教研学习活动，周周进行集体备课。这可以将个人才智最大限度地转化为集体优势，共同提高教学质量，实现教案、学案、课件等资源共享，是提升教师水平的好办法。

一、显著提高教学效果

俗话说得好："三个臭皮匠，赛过诸葛亮。"通过周周集备，教师博采众长，对教学内容理解得更加透彻，真正做到胸中有丘壑。

二、提高学生的学习兴趣

教学效果提高了，就能让学生学起来感觉轻松，而且真正体现了学生的主体地位。学生从学习中就能找到一种成就感，从而也就提高了他们的学习兴趣。

三、提高教师的工作积极性

每次集体备课都是两节课的时间，集备出下一周的课，主讲人可以两人或三人。每一位教师都希望把自己最优秀的一面展现给大家。所以每一位老师在当主讲人时，在集体备课前都会精心准备，查各种资料需要几个小时，甚至更多。

四、不断提高教师的教学水平

集体备课是对教学工作进行全程优化的教研活动，使教师在教学的认知、行为上向科学合理的方向转化。自我钻研、集体研讨、分工主备、教后反思的过程，就是教师专业发展的过程。这既有利于教师的扬长避短，也有利于教师在高起点上发展。

既然集体备课对我们的教育教学这么有效，那么怎样才能使集体备课更好地行之有效呢？

1. 在探究内容上争取新突破

内容决定形式。没有内容，就无法有合适的形式。仅是地点的改变，无法突破原来的瓶颈。新的内容有哪些？我认为我们可以就一篇课文的知识点、素质点、能力点、挖掘点甚至考试基本点进行讨论；可以就一种模式、一种教法、一个主题、一个预设与生成的可能等进行讨论；可以让某一个老师，在一定的时间里进行说课，这样既可以锻炼说课的教师，也可以让大家有所收获。

2. 在讨论范围上争取新扩大

不要把集体备课的范围局限于教学设计、教学方法等，要想办法在教学的有效性、教学智慧、教师语言等方面进行拓宽，在教学的反思、教学环节的改进、教材的新解读等方面有所扩大。讨论的范围扩大了，新鲜感就有了，话题也会多了。其实只要大家坐在一起相互交流讨论，就是一种非常好的学习。

六中的周周集备必将促进教师综合素质的提高，为六中的教育教学质量的提高奠定一个坚实的基础。

六中就是一个大花园，她里面的风景无限。在领导的英明领导下，在教师的团结努力下，相信六中的风景线会越来越多、越来越美！

为学生服务是教师的天职和良知。所以我尽自己所能，充分挖掘学生可发展的任何潜质，使学生的能量得到最大限度的释放。现在是学生学习的黄金时段，学生的能力不被激发出来，我会很遗憾。为此，我真是动了一番脑筋，每天与学生同步到校，我想用班主任效应来换取学生的高效学习。记得国庆60周年，胶州市举办了"祖国我爱你"的征文活动，要求每位家长写教子心得，带着与祖国共奋进的欢欣，我认真组织，并用两天时间逐一摘录了所有家长教子心得的经典语句，以达到激励家长共同提高的目的。当我在家长会上把所有家长的教子心得逐一读出时，所有的家长都被感动了，其中一位家长发短信说："徐老师您太用心了，我们太受鼓舞了，真的太感谢您了！"

幸福篇

　　德国哲学家费尔巴哈说过："生活和幸福原来就是一个东西。一切的追求，至少一切健全的追求都是对于幸福的追求。"其实幸福是一种付出，我们要用感恩的心态对待教育，在平凡、琐碎中寻找幸福的种子。

第六章　乐享教育的幸福

在六中工作很舒心，也很陶醉，因为付出就是一种幸福，我得到了领导和教师的认可，受到了家长和学生的尊敬。每到教师节，我的手机就响个不停、信息不断，除了朋友的问候还有学生的祝福。学生领到大学录取通知书向我报喜的那一刻，我感觉：我是最有幸福感的老师了。回想教学生涯里幸福的情景：感冒咳嗽时，学生将含片递到我的手中，"老师您嗓子不好，含着它会舒服很多。"因为批改作业肩膀不舒服，学生说："老师，我给您捏捏肩膀吧。"教师的职业幸福是一种感受，它是教师个人价值观的体现。教育是爱的事业，教师的爱不同于一般的爱，只有懂得感受教育事业的幸福的教师才是真正热爱教育的教师。

一、领导的鼓励

前一阶段，学校向每个班的30位家长发放了一份问卷，借此了解家长、学生对教师的满意度。第二天下午，李校长就高兴地告诉我："道峰，你的付出，家长和学生都感受在心里，家长对你的评价很高。"听了此话，我好感动、好感激，领导的认可、家长的理解就是对我最大的奖励。

二、同事的肯定

"胶州六中徐道峰老师，是我的恩师，我的同事，25年前，她是我们心中的知心大姐，25年后是孩子心中的爱心妈妈。韶华易逝，初心不改。她是一位爱生如子的好老师，如春风化雨般润物无声。"这是同事对我的表扬肯定。

三、家长的肺腑之言

"徐老师，把孩子交给您，我们很放心，这是孩子的福气，也是我们全家的福气。""徐老师，您不能只顾孩子们哪，您也一定要注意自己的身体呀！"这些朴实、温暖的话让我备感幸福。

四、学生的真情流露

我每次外出，即使是半天，回来后刚迈进教室，教室里就会响起雷鸣般的掌声。掌声告诉我："徐老师，你到哪儿去来，我们可想你啦！"每当此时，我眼里总会噙满泪水，我想：我的一切付出都值了，是他们丰富着我的生活，美丽着我的人生。

五、毕业学生的祝福

祝福一：

徐老师，我记得第一次来到您的班上时，上楼梯时您的手握着我的手，您的手，那么炽热，灼烧着我的心灵。

那本是一个平凡的周五，您的身体不舒服，即使这样，您坚持来为我们上语文课。在第二节课间，当您知道我们班男生骂21班的女生时，您哭了，我们为自己的行为而惭愧，我代表那些男生向您道歉，在您边哭边教育我们时，我们的心灵和您的心灵紧紧地连在一起，接受着一次又一次的考验。

徐老师，那是一节语文课，大家都在积极地回答问题，而当我被您叫起来时，我不仅回答的声音很小，还回答错了。大家都在抢着纠正答案，可是您并没有让大家来回答，而是一步步地启发我，让我自己去解决这个问题，可是我还是回答错了。您的脸上有些失望，我也做了检讨，为什么这么简单的问题都回答不上来。之后，我把该背的课文全都背了下来，上课强制自己不开小差。终于，功夫不负有心人，我在初中三年的第一次大考中取得了不错的成绩。这都归功于您的督促。徐老师，我想对您说："谢谢您，您辛苦了！"

徐老师，在以后的日子里我会努力学习，更上一层楼！

祝您身体健康！

祝福二：

祝福三：

2005年教师节来临之际，校长递给我一封热情洋溢的表扬信，信的正文是：

在第21个教师节来临之际，特向贵校全体领导、教师表示节日的问候！

在此，我向您报告一个好消息，我女儿邵欣欣，以优异的成绩考进了曲阜师范大学，实现了她多年的梦想。特向您和教师表示衷心的感谢。

忆当年，我女儿在贵校就读初中，那时我所在的单位经济效益相当不好，月工资不到500元且不能及时发放，再加上上有73岁的老母亲长期瘫痪在床，下有不满5岁的小女儿，家庭生活十分拮据，这严重影响了大女儿的学习情绪。班主任徐道峰老师及时发现了女儿的心事，多次找女儿谈话，亲临寒舍了解情况，为女儿捐衣送款，购买一些学习用品，并把此情况写成材料上报给学校。老师的关爱，学校的支持，激发了女儿的学习热情。在2002年中考中，女儿以优异的成绩考取了实验中学。榜样的力量是无穷的，女儿处处以徐老师为榜样，决心长大后也当一名光荣的人民教师。今天，在她拿着通知书的此时此刻，我们全家人感激万分，埋在心里很久的话一直没对您说：没有您的支持和徐老师的关爱，我女儿也许早就成为一名打工妹。苗校长，我为女儿在贵校就读而高兴，为贵校有这么一位好老师而自豪！

手捧这封沉甸甸的、温暖的信，我流下了幸福的热泪，心想：是六中的栽培，让我有了今天的快乐和幸福！

我就是这样一位简单而执着的人，勤奋、善良是我的天性，也是我们家族的品质。在以后的日子里，我会一如既往地珍爱生命的每一分钟，享受工作每一瞬间的快乐，并不断汲取新营养，做一名新时代的让学校和家长放心、学生爱戴的阳光幸福的老师。

踏上教育的征程，爱在左，责任在右。让我们怀揣着对教育的理想，对单位的感恩，一路耕耘一路收获。一切工作都是为了爱。爱是教育永恒的主旋律。作为班主任更要爱学生，要善于用师爱去叩开学生的心扉，用真诚育那满园桃李！守望初心勇担当，笃定前行绽芳华，愿我们携手，再创人生美好，享受幸福教育！让我们的生命在爱学生中丰盈！